Carl-Auer

Erika Gollor

Hier fühle ich mich wohl

Systemische Pädagogik
in der Grundschule

2015

Umschlaggestaltung: Uwe Göbel, Daniela Gaus
Satz: Drißner-Design u. DTP, Meßstetten
Printed in Germany
Druck und Bindung: Freiburger Graphische Betriebe, www.fgb.de

Erste Auflage, 2015
ISBN 978-3-8497-0063-8
© 2015 Carl-Auer-Systeme Verlag
und Verlagsbuchhandlung GmbH, Heidelberg
Alle Rechte vorbehalten

Bibliografische Information der Deutschen Nationalbibliothek:
Die Deutsche Nationalbibliothek verzeichnet diese Publikation
in der Deutschen Nationalbibliografie; detaillierte bibliografische
Daten sind im Internet über http://dnb.d-nb.de abrufbar.

Informationen zu unserem gesamten Programm, unseren Autoren
und zum Verlag finden Sie unter: www.carl-auer.de.

Wenn Sie Interesse an unseren monatlichen Nachrichten aus der Vangerowstraße haben,
können Sie unter http://www.carl-auer.de/newsletter den Newsletter abonnieren.

Carl-Auer Verlag GmbH
Vangerowstraße 14
69115 Heidelberg
Tel. 0 62 21-64 38 0
Fax 0 62 21-64 38 22
info@carl-auer.de

Inhalt

Geleitwort

»Ich bin gerne Lehrerin« – diesen Satz habe ich, begleitet von einem fröhlichen Lachen, mehr als einmal im Verlauf der vielen Jahre, die ich Erika Gollor nun kenne, von ihr gehört. Ein solcher Satz aus dem Mund einer Lehrerin ist in Zeiten, in denen das Berufsbild des Lehrers durch Überforderung und Leistungsdruck auf vielen verschiedenen Ebenen geprägt ist, keine Selbstverständlichkeit. Ein solcher Satz, wenn er denn authentisch ausgesprochen oder empfunden wird, hat eine enorme Wirkung auf das Beziehungsgefüge in der Schule: Er öffnet Herzenstüren bei den Schülern, schenkt den Eltern Vertrauen in den Lehrer oder die Lehrerin ihres Kindes, erleichtert das Verhältnis zu Vorgesetzten und Schulträgern und wirkt auf lebendige Weise in das Miteinander von Kollegen und in das Schulklima hinein.

Dieser Satz steht auch in engem Bezug zum Titel dieses Buches »Hier fühle ich mich wohl«. Ein Lehrer, der gerne Lehrer ist, hat beste Voraussetzungen, eine gute Beziehung zu seinen Schülern zu entwickeln, und diese gute Beziehung wiederum ist einer der wichtigsten Faktoren für Freude am Schulbesuch, für die Begeisterung fürs Lernen und damit auch für den Lernerfolg der Schüler.

Wie aber wird man ein Lehrer, der gerne Lehrer ist und in dessen Unterricht sich die Schüler wohlfühlen?

Erika Gollor gibt in ihrem außerordentlich praxisnahen Buch viele Antworten auf diese Frage, indem sie ihre jahrzehntelange, reichhaltige Erfahrung als Lehrerin und ihre persönliche und fachliche Entwicklung durch die Begegnung mit der systemischen Pädagogik mit uns teilt. In neun Kapiteln, die jeweils mit einer kurzen theoretischen Einleitung beginnen, lädt sie die Leser ein, sich von Spiel- und Gestaltungsideen, von Ritualen, Übungen, Liedern, Bildern, Texten, Gesprächen, Einsichten und Beiträgen zum lebendigen Schulleben inspirieren zu lassen – zu eigenem Tun, zu eigenem Erproben und kreativem Variieren.

Beginnend mit einer Einführung über ihr Verständnis der systemischen Pädagogik beschäftigt sich die Autorin in den folgenden Kapiteln mit der Beziehungs- und damit auch mit der Lernkultur in der Schule. Sie stellt systemische Erkenntnisse vor, die die Rolle des Pädagogen, das Miteinander der Schüler im Klassenverband und die

Haltung gegenüber den Eltern sowie der Familie des Kindes mitbestimmen, und gibt viele anregende Beispiele, wie sich diese Erkenntnisse im Schulalltag mit Leben füllen lassen. Sie berichtet aus ihren Erfahrungen, wie man das Bedürfnis der Kinder nach Zugehörigkeit pädagogisch sinnvoll umsetzen und das Gemeinschaftsgefühl in der Klasse stärken kann. Statt problem- und defizitorientierter Sichtweise auf das Kind setzt Erika Gollor auf den ressourcenorientierten Blick und entwickelt kreative Ideen, wie Schüler ihr Potenzial und ihre Kraftquellen entdecken und entfalten können.

Den Herausforderungen, die jeder Lehrer aus seinem Schulalltag kennt, wendet sich die Autorin mit fachlicher Kompetenz und der ihr eigenen Einfühlsamkeit zu und führt sie zu überzeugenden Lösungen. Im Schlusskapitel macht Erika Gollor ihren Lesern Mut, mithilfe systemischer Vorgehensweisen den Umgang mit den Grenzen pädagogischen Handelns zu wagen.

In diesem Buch ist auf jeder Seite die Zuneigung zu den Schülern, die respektvolle Begegnung mit den Eltern und der Wille der Autorin spürbar, angesichts der vielfältigen Anforderungen, die das System Schule an den Lehrer stellt, das eigene Verhalten immer wieder zu reflektieren.

Lassen Sie sich beim Lesen anstecken und berühren von Erika Gollors fachlichen Anregungen, ihrem professionellen Engagement und ihrer Begeisterung!

Barbara Innecken
Tutzing, im September 2014

Vorwort

Ein Buch zu schreiben stand ursprünglich nicht auf der Liste meiner Lebenswünsche. Deshalb hat dieses eher zufällig und sehr behutsam seinen Weg ins »Leben« gefunden. Angefangen hat es vor fast zwanzig Jahren. Ich war damals junge Lehrerin an einer Grundschule in München und engagierte mich sehr in meinem Beruf. Ich mochte die Kinder, das Unterrichten und meine pädagogische Aufgabe, probierte viel Neues aus und erntete Anerkennung und Wertschätzung für meine Arbeit. Trotzdem empfand ich keine wirkliche Freude und innere Zufriedenheit.

So suchte ich nach Wegen aus meiner Unzufriedenheit und erfuhr von einer Supervisionsgruppe, die mit Systemaufstellungen arbeitete. Wann immer mich Schüler, Eltern, Kollegen oder meine eigenen Gefühle verunsicherten, verwirrten oder belasteten, fand ich dort Hilfe und Lösungen. Die Kraft der Aufstellungen und die Wirksamkeit der systemischen Grundsätze überzeugten mich immer mehr.

Aufgrund äußerer Umstände wechselte ich dann nach 13 Jahren Regelschule an eine Montessorischule. Ich begann, die systemische Sichtweise in mein Leben zu integrieren und fand so mehr und mehr Freude und Erfüllung an und in meinem Beruf als Lehrerin. Überzeugt von der Wirksamkeit der systemischen Sichtweise auf Haltung und Handeln, entschloss ich mich zu einer Weiterbildung in systemischer Pädagogik. In meiner Ausbildungsgruppe berichtete ich gelegentlich von meinen Erfahrungen mit »systemischem« Handeln in der Klasse und im Umgang mit den Eltern, woraufhin ein Ausbilder meinte, ich solle diese doch aufschreiben.

»Und dann?«, war meine wenig begeisterte Antwort in Anbetracht der für mich mühevoll erscheinenden Zusatzarbeit.

»Du sammelst, und in drei Jahren hast du ein Buch.«

Trotz meiner Skepsis schrieb ich dennoch im Zuge der Ausbildung und für die verlangte Abschlussarbeit die eine oder andere Begebenheit auf. Die Erfahrungsberichte wurden von den Teilnehmern als hilfreich und bereichernd erlebt, und so veröffentlichte ich schließlich einen kurzen Artikel in einer Fachzeitschrift. Die Rückmeldungen darauf machten mir Mut und ich brachte immer mehr zu Papier – das Ergebnis halten Sie nun in Händen.

Dieses Buch ist sehr praxisbezogen: aus der Praxis für die Praxis. Die Theorie ist kurz gehalten, auch für »Neulinge« auf diesem Gebiet verständlich und den Beispielen aus dem Schulalltag unter- bzw. zugeordnet. Alles ist sehr persönlich formuliert, geht es doch um meine Erfahrungen und Erlebnisse im Umgang mit den Kindern und Eltern meiner Klassen – und alles natürlich aus systempädagogischer Sicht.

Mein Arbeitsumfeld

Mir ist bewusst, dass ich an einer Montessorischule gute Ausgangsbedingungen für meine systemische Arbeit habe. Einiges lässt sich aber in abgeänderter Form auch in Regelschulen oder anderen pädagogischen Umfeldern anwenden, auch in Familien. Vielleicht dienen die Beispiele auch nur als Quelle für eigene Ideen. Und wenn manches oder vieles in Ihrem Umfeld nicht möglich sein sollte, so sind doch eine veränderte Haltung, der systemische Blick auf Kinder, Eltern und sich selbst und die Berücksichtigung einfacher systemischer Grundsätze unabhängig von den äußeren Gegebenheiten. Alleine dadurch verändert sich viel. Selbst wenn manches schiefgeht oder zeitaufwendig ist: Es lohnt sich, es immer wieder zu probieren. Es lohnt sich für Sie, die Kinder und alle, mit denen Sie arbeiten.

Damit Sie sich beim Lesen eine Vorstellung davon machen können, in welchem Umfeld und unter welchen Rahmenbedingungen die Berichte entstanden sind, hier eine kurze Beschreibung: Ich arbeite an einer Montessorischule mit maximal 24 Kindern in einer Klasse. In jeder Klasse unterrichtet ein Klassenlehrer in Zusammenarbeit mit einer pädagogischen Zweitkraft. Diese begleitet in der Hauptsache die Stunden, in denen Freiarbeit stattfindet. Es sind jahrgangsgemischte Klassen von 1 bis 4. Die Kinder sind im Grundschulalter, also zwischen 6 und 10 Jahren.

Jedes Klassenzimmer ist mit einem runden Teppich ausgestattet, um den alle sitzen, wenn es etwas zu besprechen oder zu erklären gibt. Er dient auch als Arbeitsplatz für die Kinder, die gerade mit dem Montessorimaterial lernen. Alle Kinder, egal in welcher Klassenstufe sie sind, haben 26 Unterrichtsstunden in der Woche.

Abb. 1: Unser Teppich, Mittelpunkt des Klassenzimmers

Allgemeine Hinweise

Da meine Erfahrungen sich auf die Schule beziehen, spreche ich besonders die Lehrer und Lehrerinnen an – stellvertretend für alle, die mit Kindern zu tun haben: Pädagogen, Erzieher, Eltern, Therapeuten ...

Auch schreibe ich von Lehrern, Pädagogen und Schülern, um den Lesefluss nicht zu stören. Gemeint sind natürlich immer auch alle Lehrerinnen, Pädagoginnen und Schülerinnen.

Alle Namen wurden zum Schutz der jeweiligen Personen abgeändert.

1 Systemische Pädagogik

Bei Gesprächen mit Freunden und Kollegen über mein Buchprojekt merkte ich, dass der Begriff »systemische Pädagogik« sehr häufig mit Familienaufstellungen in Verbindung gebracht wird. Von Familienaufstellungen haben inzwischen schon viele Menschen gehört, wenn sich auch nicht alle etwas darunter vorstellen können. Systemische Beratung, systemische Aufstellungsarbeit, systemische Pädagogik – mir schien, das Wort »systemisch« setzen viele mit Aufstellungen gleich. Ich wurde auch gefragt, ob ich Aufstellungen mit meinen Schülern mache.

Um dies klar abzugrenzen: Systemische Pädagogik ist nicht gleichzusetzen mit Familienaufstellungen. Diese gehören in den Bereich der Therapie und haben meines Erachtens in der Schule nichts zu suchen. Sie erfordern eine eigenständige, gründliche Ausbildung, die ein Lehrer normalerweise nicht vorzuweisen hat. Familienaufstellungen führen zu tief greifenden Erkenntnissen und Prozessen und gehören einzig und allein in den Verantwortungsbereich der Eltern. Würde ich mich als Lehrer in diesen Bereich vorwagen, würde ich eindeutig meine Grenzen überschreiten.

Wenn die systemische Pädagogik auch nicht gleichbedeutend mit Familienaufstellungen ist, so sind doch grundlegende Erkenntnisse, Sichtweisen und Haltungen aus der Aufstellungsarbeit ein wichtiger Pfeiler der systemischen Pädagogik.

Auch als Selbsterfahrung sind Familienaufstellungen von unschätzbarem Wert für den Pädagogen, denn:

- Die Veränderung der Sichtweise auf die eigene Lebensgeschichte erlaubt ein größeres Verständnis für die Verhaltensweisen von Kindern, Eltern und Kollegen.
- Die Anerkennung und Aussöhnung mit all dem, was war und ist, schenkt Frieden mit sich und anderen.
- Die Lösung der eigenen familiären Verstrickungen bringt Klarheit, Stabilität und Lebensenergie.
- Die Erfahrung von Wertschätzung und Achtung für die eigenen Gefühle und Handlungen führt zu mehr Milde und Liebe.

- Die Einsichten in die Zusammenhänge von Familiendynamiken erweitern den Blick auf das Kind und dessen Familie.

Und auch in der beruflichen Supervision stellen Aufstellungen eine große Hilfe dar. Da sie tiefere Dynamiken eines Problems sichtbar machen und mit einem weiten Blick auf die Zusammenhänge schauen, ermöglichen sie Lösungen in eine oft unerwartete Richtung.

Ich persönlich nutze in meinem beruflichen Alltag gelegentlich auch methodische Elemente dieser Arbeit, wenn ich es in der gegebenen Situation als hilfreich empfinde. Als Beispiel sei hier der Abschnitt »Herausforderungen im Schulalltag – Konflikt zweier Schülerinnen« zu nennen.

Was ist unter systemischer Pädagogik zu verstehen?

Bei meinen Recherchen für eine Begriffserklärung der »systemischen Pädagogik« stellte ich fest, dass es keine einheitliche Definition gibt. Je nachdem, welcher der verschiedenen systemischen Ansätze bevorzugt wird, fallen die Schwerpunkte in der Beschreibung unterschiedlich aus.

Allgemein lässt sich sagen, dass systemische Pädagogik die Anwendung von systemischen Sichtweisen in der pädagogischen Praxis ist.

Die systemische Sichtweise ist eine vernetzte Sichtweise. Sie blickt »weit« auf das Kind. Das heißt, sie sieht das Kind nicht nur als Einzelperson, sondern als einen Teil der verschiedenen Systeme, in die es eingebunden ist: Familie, Klasse, Freundeskreis ... Dabei ist der Einfluss wechselseitig. Der Einzelne beeinflusst das System und umgekehrt. Das bedeutet, dass nichts bleibt, wie es ist. Sowohl der Einzelne als auch das System verändern sich ständig, in gegenseitiger Abhängigkeit. Nehmen wir z. B. das System Schulklasse. Mit jedem Mitglied hat das Kind eine eigene Beziehung und es handelt dieser Beziehung entsprechend. Es mag manche Mitschüler, andere nicht. Manche bewundert es, auf andere ist es eifersüchtig oder neidisch. Manchen fühlt es sich überlegen, anderen unterlegen, und wieder andere machen ihm vielleicht Angst. Zu manchen Mitschülern unterhält es freundschaftliche Beziehungen oder sehnt sich danach und anderen Mitschülern geht es aus dem Weg. Verändert sich das Kind in seinem Verhalten oder verändert es seine Beziehung zu einem Mitglied (z. B. es beendet eine Freundschaft), dann hat das Auswirkungen auf die anderen Mitglieder des Systems. Auch der Lehrer gehört zu diesem System. Nicht nur er beeinflusst die Schüler, sondern diese beeinflussen auch ihn.

Beispiel:

> Timo und Max sind eng befreundet. Als sie in der 3. Jahrgangsstufe sind, kommt Florian in die Klasse. Er freundet sich mit den beiden an. Im Laufe der Wochen wird die Beziehung zwischen Florian und Max enger. Timo wird eifersüchtig. Er sieht seine Freundschaft zu Max gefährdet. Es kommt immer öfter zu Streitereien zwischen den beiden. Die veränderte Beziehung führt nicht nur zu Unruhe und Spannungen unter den dreien, sondern hat Auswirkungen auf den Rest der Klasse und den Lehrer. Timo fällt es immer schwerer, mit einem anderen Kind zusammenzuarbeiten, weil er ständig Florian und Max im Auge hat. Er hetzt Mitschüler gegen Florian auf. Parteiische Grüppchen bilden sich. Schließlich sucht Timo die Nähe zu einem Jungen, der seinerseits freundschaftlich eingebunden ist. Auch da kommt es zu Auseinandersetzungen. Die Dynamik in der Klasse verändert sich.

Systeme werden häufig mit einem Mobile verglichen, bei dem »jedes einzelne Teil an seinem eigenen Faden hängt, ... aber gleichzeitig alle Einzelteile miteinander verbunden sind. Bewegt sich eines der Teile, so kann man sehen, dass alle anderen Teile des ›Systemmobiles‹ in Bewegung geraten. Mit diesem Bild des Mobiles lässt sich das riesige Beziehungsgeflecht verdeutlichen, das in der Erziehung des Kindes wirksam ist – im System Familie, im System Kindertagesstätte, im System Schule. Erziehung ist keine Einbahnstraße, in der wir als Erziehende einseitig auf das Kind einwirken: Erziehung findet in Beziehungen statt, die sich wechselseitig beeinflussen. Wir Mütter, Väter, Lehrer, Erzieherinnen – alle im pädagogischen Bereich Tätige haben in diesem Beziehungsgeflecht eine wichtige Rolle: So, wie wir uns in dem Mobile bewegen, so schwingen die uns anvertrauten Kinder mit« (Innecken 2007, S. 31).

Zu meinem Verständnis für systemische Pädagogik gehören außer dem weiten systemischen Blick auf das Kind ein paar wesentliche Grundsätze aus den verschiedenen systemischen Ansätzen. Im Folgenden stelle ich einige davon vor.

Sie zu kennen und sie zu berücksichtigen erleichtert den pädagogischen Alltag und führt zu positiven Veränderungen.

Grundordnungen eines Systems

Zugehörigkeit S.43

In Systemen gelten gewisse, in der Tiefe wirksame Grundordnungen. Eine davon ist das Recht auf Zugehörigkeit.

Jedes Kind möchte dazugehören. In der Schule ist das die Klasse. Das Bedürfnis nach Zugehörigkeit ist eines der Grundbedürfnisse eines jeden Menschen. Wird es ihm verwehrt, hat das sowohl auf den Betroffenen als auch auf die Gemeinschaft Auswirkungen. Dieses Bedürfnis, auch hinter dem Verhalten von Klassenclowns, Außenseitern, Störenfrieden und anderen herausfordernden Kindern zu sehen, verändert den Blick auf diese Kinder und damit unsere Haltung ihnen gegenüber (siehe das Beispiel im Abschnitt »Herausforderungen im Schulalltag – Eigentlich will ich nur Freunde«).

Reihenfolge des zeitlichen Eintritts => „Platz"

Eine andere Grundordnung bezieht sich auf die zeitliche Reihenfolge des Eintritts in ein System. Was das genau bedeutet, ist im Kapitel »Ich weiß um meinen Platz« nachzulesen.

Vorrang der Gruppe

Ein weiterer Grundsatz lautet: Die Gruppe hat Vorrang vor dem Einzelnen.

Was bedeutet das?

Wir Pädagogen neigen dazu, Kindern mit besonderen Problemen (seien es nun Verhaltens-, Lern- oder sonstige Schwierigkeiten) besonders viel Zeit, Aufmerksamkeit, Gedanken, Energie und Kraft zu schenken. Das ist Teil unserer Berufsauffassung und unseres Erziehungsauftrags. Die Folge kann sein, dass wir darüber die Gruppe aus den Augen verlieren, die die gleichen Bedürfnisse und das gleiche Recht hat wie der Einzelne. Das sollte uns bewusst sein.

Verlangt uns das Verhalten oder das Problem eines Gruppenmitglieds eine Entscheidung ab, hat der Schutz der Gruppe Vorrang. Für den Einzelnen muss eine andere angemessene Lösung gefunden werden (siehe das Beispiel »Herausforderungen im Schulalltag – Umgang mit Einnässen und Einkoten«).

Stärken erkennen, Ressourcen nutzen S.89

Wir Lehrer sehen leicht Fehler, Schwächen und Probleme – beim Kind und auch bei uns. Die systemische Sichtweise lenkt unseren Blick

capabilities

hingegen auf die Ressourcen und Fähigkeiten, die jeder in sich trägt. Diese zu stärken und auf ihre Kraft zu vertrauen, tut allen gut: dem Kind, der Gruppe und dem Lehrer.

»Ressourcenorientierung geht davon aus, dass jeder Mensch über ausreichend Möglichkeiten verfügt, ein Problem zu lösen, sie nur zurzeit nicht nutzt, weil es Gründe gibt, sie brachliegen zu lassen« (Renoldner, Scala u. Rabenstein 2007, S. 32). Die Gewissheit, Kompetenzen zur Bewältigung von Problemen zur Verfügung zu haben, macht jeden stark für Veränderungen (siehe die Beispiele »Ich kann, ich bin ...«, aber auch zu finden bei Fallbeispielen in anderen Kapiteln). *S. 89*

Ver- "trauen

Der Blick auf die Lösung

Probleme mit Kindern, Eltern, Kollegen, Vorgesetzten, dem Unterricht etc. gehören zum Alltag eines Pädagogen. Der systemische Blick sucht nach Lösungen, statt an den Problemen hängen zu bleiben – d. h., der Blick richtet sich nach vorne. Es wird davon ausgegangen, dass jedes Problem eine Lösung in sich trägt. Kinder spüren die lösungsorientierte Haltung des Erwachsenen und lassen sich gerne darauf ein.

Dabei helfen Fragen wie: »Welche Fähigkeit brauchst du, um dieses Problem zu lösen?«, »Was möchtest du verbessern?« oder die »Wunderfrage« des systemischen Therapeuten Steve de Shazer: »Stell dir vor, in der Nacht, während du schläfst, kommt eine Fee zu dir und zaubert dein Problem weg. Woran würdest du am nächsten Morgen merken, dass dein Problem verschwunden ist?« (siehe das Beispiel »Ich kann, ich bin ... Die Wunderfrage«). *S. 101*

Fragen

Die Verbundenheit des Kindes mit seinem Familiensystem

Die Familie ist das »Ur-System«, mit dem wir immer innerlich verbunden sind. Aus dieser Verbundenheit heraus »müssen« sich unsere Kinder so verhalten, wie sie es tun, selbst wenn ihr Verhalten ihrer positiven Entwicklung manchmal nicht dienlich ist. Es ist der unbewusste Ausdruck einer tiefen Liebe und Treue zu ihren Eltern oder anderen Mitgliedern des Familiensystems und manchmal ein Hinweis auf Verborgenes in der Familie. Das können wir Lehrer nicht lösen. Doch das Wissen darum hilft uns, die Grenzen unserer Handlungsmöglichkeiten anzuerkennen, um uns nicht zu überfordern.

Wertschätzung und Achtung der Eltern

Kinder kommen nie alleine in die Schule. Sie haben innerlich immer ihre Eltern dabei. Sie haben übernommen, was zu Hause gilt:

Werte, Meinungen, Einstellungen, Verhaltensweisen und diese als »richtig« verinnerlicht. In der Schule kommen sie dann mit neuen, dem Elternhaus möglicherweise widersprechenden Werten und Verhaltensweisen in Berührung. Das verwirrt die Kinder und bringt sie in einen inneren Konflikt. Wonach sollen sie sich richten, wenn Eltern und Lehrer gegensätzliche Werte vermitteln oder unterschiedliches Verhalten fordern?

Die Antwort lautet: Das Kind hat immer die stärkere Verbindung zu seinem Familiensystem und wird sich zu diesem loyal verhalten, auch wenn wir Lehrer glauben, dass unsere Werte vielleicht die besseren für das Kind sind.

Die systemische Sichtweise hilft, dieses Dilemma für das Kind (und auch für die Eltern und für den Pädagogen) zu mildern. Kinder spüren, mit welcher inneren Haltung wir ihnen begegnen. Achten wir die Eltern des Kindes und das, was sie ihm mitgeben, fühlt sich das Kind umfassend gesehen – mit allem, was zu ihm gehört und woraus es hervorgegangen ist. Dadurch fällt es ihm leichter, die neuen Werte oder Verhaltensweisen, die es in der Schule erfährt, anzunehmen und zu integrieren.

Soviel zu den wichtigsten systemischen Grundsätzen, die meine pädagogische Arbeit beeinflussen und prägen. Ich erlebe deren Berücksichtigung als Bereicherung und Wohltat für alle Beteiligten: für Kinder, Eltern und für mich als Lehrerin.

Die Voraussetzung aber, damit das zuvor Genannte wirksam werden kann, ist die Haltung des Pädagogen. Sie ist von zentraler Bedeutung für die Qualität der Beziehung zwischen Lehrer und Kind und damit auch für das Lernen. Christa Renoldner (2014, S. 12), Pionierin auf dem Gebiet der systemischen Pädagogik in Österreich, drückt es so aus: »Die systemische Pädagogik ist mehr eine Summe von Haltungen als eine konkrete Methode.«

2 Leiten und führen – die Rolle des Pädagogen

»Hier fühle ich mich wohl« – so lautet der Titel dieses Buches. Das wünschen sich alle: Lehrer, Eltern, Kinder, Vorgesetzte, Schulräte und das Kultusministerium. Ob und wie das gelingt, hängt von vielen Faktoren ab. Vor allem von einer guten Beziehung zwischen Lehrer und Schüler. Sie hat den größten Einfluss auf den Lernerfolg. Das haben die Ergebnisse der weltweit größten Unterrichtsstudie des neuseeländischen Bildungsforschers John Hattie (2013) gezeigt.

Sich aufgehoben und angenommen fühlen, verstanden werden, Wertschätzung und Respekt erfahren, Vertrauen entgegengebracht bekommen, Fürsorge und innere Anteilnahme spüren, gefördert und gefordert werden, aber auch Grenzen spüren – all das sind Voraussetzungen für eine gute Beziehung, für Wohlbefinden und Lernerfolg.

Die Haltung des Pädagogen

Damit das Kind sich auf den Erwachsenen einlassen kann, muss dieser beziehungsfähig sein. Nach John Hattie ist es das Einfühlungsvermögen des Lehrers, auf das es ankommt – auf dessen empathische Fähigkeit. Empathie ist keine Technik, die man sich schnell und nebenbei aneignet, sondern eine Haltung. Eine Haltung, die es ermöglicht, wertfrei die Gefühle und die »Wirklichkeit« des anderen anzunehmen, ohne wohlmeinende Ratschläge und voreilige Hilfsangebote. Es ist innere Anteilnahme frei von Wertung. »Empathie kann manchmal sogar für den Moment und mit Augenmaß eine geforderte Hilfe verweigern und einfach nur ganz still beim anderen aushalten, wodurch dieser oft zu seinen eigenen Kräften findet. Empathie verlangt mehr als nur Helfen- und Eingreifen-Wollen. Die Grundlage dieser Haltung ist die Achtung des anderen ... Empathie achtet die Würde und die Kraft des anderen. Sie steht ihm bei, diese in sich selbst zu entdecken. Auch bei Kindern wirkt dies«, meint Günther Schricker in seinem Aufsatz »Worauf es in der Schule ankommt« (Schricker 2013).

Die Achtung des anderen ist eine wichtige Haltung in der systemischen Pädagogik – ebenso wie Wertschätzung, Respekt, Authentizität und aufrichtiges Interesse.

Eine weitere wichtige systemische Haltung ist die der Allparteilichkeit. Das bedeutet, als Pädagoge eine neutrale Position einzunehmen und für niemanden Partei zu ergreifen. Auch wenn ihm das eine oder andere Kind mehr oder weniger sympathisch ist, ist es wichtig, allen Mitgliedern einer Gruppe die gleiche Wertschätzung entgegenzubringen.

So geht es z. B. im Falle eines Konflikts nicht darum, einen »Schuldigen« zu ermitteln und ihn klein zu machen. Es geht nicht um ein »Urteil«, auch wenn das manchmal der schnellere und einfachere Weg ist – vor allem, wenn es offensichtlich einen »Schuldigen« zu geben scheint. Im Systemischen geht man davon aus, dass hinter jeder Handlung eine positive Absicht steht, auch wenn sie auf den ersten Blick nicht als solche zu erkennen ist. Werden alle Beteiligten gleich wertgeschätzt, erhöht sich die Bereitschaft zu Veränderung.

Die im vorigen Kapitel beschriebenen Grundsätze der systemischen Pädagogik spiegeln sich natürlich auch in der Haltung des Pädagogen wider:

- Der »weite« Blick – das Kind als Teil eines Systems und damit in einem vernetzten Zusammenhang zu sehen
- Ressourcenorientierung – das Vertrauen in die Veränderungskräfte und die Fähigkeiten des Kindes
- Lösungsorientierung – den Blick weg vom Problem hin zur Lösung

Für mich spielen auch noch Humor und Gerechtigkeit eine wichtige Rolle. Ebenso die Bereitschaft, Gefühle zu erlauben, sie anzuerkennen und ihnen Raum zu geben.

Wenn Sie mir bis hierhin gefolgt sind, lieber Leser, denken Sie jetzt vielleicht: »Hohe Ansprüche! Wenn das alles so einfach wäre!«

Nein! Einfach ist das alles nicht. Es ist ein Prozess, ein Prozess in der eigenen Entwicklung. Manchmal ein langer, oft auch mühevoller Weg, den zu gehen sich über alle Maßen lohnt. Die Geschenke sind reichhaltig. Sie liegen am Weg und machen Mut weiterzugehen: die Offenheit und Liebe der Kinder, das Vertrauen und die Anerkennung der Eltern, die Freude im und die Begeisterung für den Beruf, die innere Zufriedenheit und letztendlich die Liebe zu sich selbst.

Der hilfreiche Platz

Wie ein Lehrer, Erzieher oder Pädagoge seine Gruppe führt, hängt im Wesentlichen von dessen Persönlichkeit und fachlicher Kompetenz ab. Je sicherer er in der Klasse steht und je souveräner er auf die unterschiedlichen Situationen reagieren kann, desto mehr Sicherheit vermittelt er den ihm anvertrauten Kindern. Die Kinder spüren: »Bei dem bin ich sicher. Ich muss mich nicht um ihn sorgen, ihn nicht schützen, mich nicht um ihn kümmern.«

Diese innere Stabilität lässt sich nicht »machen«. Sie entwickelt sich oft mit zunehmender Erfahrung und/oder durch die Auseinandersetzung mit der Arbeit und durch die Arbeit an sich selbst. Bestimmte Methoden, Regeln und Handlungsweisen können den Pädagogen jedoch dabei unterstützen, Sicherheit zu bekommen.

Eine Möglichkeit der Unterstützung ist das Wissen um den Platz, den der Lehrer in der Arbeit mit einem einzelnen Kind, im Unterricht oder im Elterngespräch am günstigsten einnimmt. Die Positionierung im Raum hat Auswirkungen auf sein eigenes Wohlbefinden und das seines Gegenübers.

In Organisationsaufstellungen hat sich gezeigt: Wer leitet, steht rechts.

Das heißt, der Lehrer erlebt sich am hilfreichsten auf dem Platz rechts von seinem Schüler. Diese Position gibt auch dem Kind Sicherheit und Führung. Der Platz gegenüber wird manchmal als konfrontativ wahrgenommen.

Abb. 2: Rechts vom Kind, ein hilfreicher Platz für beide

Wie sieht das nun ganz konkret im Alltag aus?

In der Einzelarbeit mit einem Kind

Wenn ich im Unterricht oder in der Einzelarbeit einem Kind etwas erklären oder zeigen will, dann achte ich darauf, dass ich mich an dessen rechte Seite setze oder stelle. Damit begebe ich mich in die »Chefposition« (siehe Abb. 2). Bin ich hingegen unterstützend tätig oder lasse ich mir vom Schüler z. B. seinen Lösungsweg erklären, begebe ich mich an seine linke Seite. Damit liegt die Führung mehr beim Schüler und er bestimmt, wie viel Hilfe er braucht und annehmen will.

Die kräftigende Wirkung des »Chefplatzes« habe ich in Supervisionsgruppen immer wieder selbst erfahren. Ich wollte nun wissen, wie das meine Schüler empfinden.

Also bat ich sie, folgende Übung mitzumachen (3./4. Klasse):

Jeder sucht sich einen Partner. Einer soll die Rolle des Lehrers und einer die des Schülers einnehmen. Später würde ein Wechsel stattfinden, sodass jeder die Gelegenheit bekäme, beide Rollen zu erleben.

Die Partner stellen sich nebeneinander. Als Erstes der »Lehrer« rechts vom »Schüler«.

Lehrer   Schüler

Von jetzt an wird nicht mehr geredet.

Auftrag an beide Kinder: »Wie fühlst du dich auf diesem Platz? Wohl oder nicht wohl? Sicher oder unsicher?«

Wechsel der Positionen: der »Lehrer« links vom »Schüler«.

Auftrag an beide Kinder: »Wie fühlst du dich jetzt auf diesem Platz? Besser oder schlechter als vorher? Welcher Platz stimmt mehr für dich – dieser oder der erste?«

Ich war sehr neugierig. Würden sie sich auf die Übung einlassen? Wie würden sie sich in ihre jeweilige Rolle einfühlen können? Würden sie einen Unterschied wahrnehmen – je nachdem, auf welcher Seite sie stünden?

Nach dem ersten Austausch in der Runde erfolgte der Rollenwechsel. Die Übung wurde wiederholt und es fand der zweite Austausch statt.

Ich staunte über die Erfahrungen und Rückmeldungen der Kinder. Die meisten hatten eine klare Wahrnehmung gehabt, auf welcher Seite sie sich in der entsprechenden Rolle am wohlsten gefühlt hatten. Manche konnten sich sogar sehr differenziert äußern. Zwei Kinder hatten keine Unterschiede gespürt.

Die Kinder bestätigten meine Erfahrung. Mit Ausnahme von drei Kindern fühlten sie sich in der Rolle des »Lehrers« auf der rechten Seite und in der Rolle des »Schülers« auf der linken Seite wohler.

Dazu einige Äußerungen:

Die »Lehrer« auf der rechten Seite:

- »Hier hab ich besser stehen können.«
- »Ich hatte einen besseren Draht zum Kind.«
- »Ich hab mich verantwortlicher gefühlt.«
- »Ich hab mich stärker gefühlt.«

Die »Schüler« auf der linken Seite:

- »Ich hatte das Gefühl, das ist mein Platz.«
- »Ich hab mich sicher gefühlt.«
- »Ich hab mich kleiner gefühlt, so als ob ich was lernen sollte.«

Im Unterricht mit der Klasse

In einer Supervisionsgruppe tauchte die Frage auf: Wie ist es, wenn ich im Unterricht vor der Klasse stehe? Macht es einen Unterschied, ob ich mittig oder seitlich vor den Schülern stehe? Spielt es eine Rolle, auf welcher Seite ich stehe?

Wir probierten es aus: Ein Teilnehmer übernahm die Lehrerrolle, die anderen die Schülerrollen.

Der Lehrer **frontal** vor der Klasse:
Die »Schüler« blickten erwartungsvoll auf den »Lehrer«. Sie warteten gespannt, was dieser zu bieten hatte. Fazit: Starke Position, aber mit Kraftaufwand für den Lehrer verbunden.

Der Lehrer **links stehend** vor der Klasse:

Abb. 3: Lehrer links vor der Klasse

Die »Schüler« wurden unruhig und begannen zu reden und zu albern. Dem »Lernstoff« wurde wenig Aufmerksamkeit zuteil. Er wurde als nicht so wichtig empfunden.

Der Lehrer **rechts stehend** vor der Klasse:

Abb. 4: Lehrer rechts vor der Klasse

Die »Schüler« waren ruhig. Im Mittelpunkt stand der »Stoff«. Ihm galt das Interesse. Der »Lehrer« wurde nicht mehr als zentral wahrgenommen und empfand das als Entlastung. Er musste sich weniger anstrengen, denn nun stand das, worum es ging, im Zentrum der Aufmerksamkeit: das Unterrichtsthema.

Das waren interessante Erfahrungen für uns alle. Wieder einmal hatten wir erlebt, dass es sowohl für die Schüler als auch für den Lehrer nicht unwichtig ist, wo dieser sich positioniert. Am hilfreichsten war es, wenn der Leitende rechts von der Gruppe stand und alle gemeinsam auf das Ziel (Lernstoff) schauten.

Selbstverständlich ist dies keine Garantie für einen gut funktionierenden Unterricht, aber es lässt sich in der Klasse erproben und gegebenenfalls nutzen. Auch der Platzwechsel von Schülerinnen und Schülern hat oft erstaunliche Auswirkungen.

In der Zusammenarbeit mit einem Kollegen

Sind in einer Klasse oder Gruppe (z. B. in Kindergarten, Hort) zwei Pädagogen tätig und die Gruppe sitzt im Gesprächskreis, gibt es für die Leitenden hilfreiche und weniger hilfreiche Positionierungen. Wenn beide nebeneinandersitzen, hat das eine stärkende Wirkung – auf die beiden und auf die Gruppe. Dabei sitzt der, der die größere Verantwortung für die Klasse/Gruppe hat, auf der rechten Seite seines Kollegen, auf der »Chefposition« sozusagen.

Dass ich diese Sitzordnung unterstützend erlebte, wusste ich aus der täglichen Arbeit. Aber empfanden das die Kinder genauso? Wir probierten es aus.

Wir zwei Lehrer saßen im Sitzkreis zuerst zusammen, dann gegenüber und schließlich in einem 45°-Winkel. Bei der anschließenden Rückmeldung waren sich ausnahmslos alle Schüler einig: Sie fühlten sich wohler, wenn beide Lehrer zusammensaßen.

Auch hier wieder detaillierte Aussagen:

- »Wenn die Lehrer auseinander sitzen und sie erklären etwas, dann muss man immer den Kopf so schnell drehen und an zwei Stellen schauen.«
- »Wenn die Lehrer auseinander sitzen, dann wird man von zwei Seiten beobachtet« (Bemerkung eines Quereinsteigers).
- »Wenn man beiden Lehrern etwas sagen will, dann geht das nicht, weil man sie nicht gleichzeitig sehen kann.«

Auch bei Konferenzen, Teamsitzungen oder anderen Zusammentreffen von Leitern und Mitarbeitern wäre eine unterstützende Platzwahl sicher eine Überlegung wert.

Bei Elterngesprächen

Worum geht es in Elterngesprächen?

Immer um das Kind. Sowohl Eltern als auch Lehrer haben das Bestreben, dass es dem Kind in der Schule gut geht, dass es etwas lernt (fachlich und sozial) und dass es in seiner Persönlichkeit wachsen kann. Das bedeutet: Beide haben das gleiche Ziel. Nur manchmal sind Eltern und Lehrer in ihren Vorstellungen, wie dieses Ziel am besten zu erreichen ist, unterschiedlicher Meinung. Dann kann es vorkommen, dass man in der Auseinandersetzung darüber das Kind aus den Augen verliert.

Wie Elterngespräche verlaufen, hängt natürlich von der wohlwollenden Einstellung der Beteiligten und einer konstruktiven Gesprächsführung ab. Da unser Augenmerk in diesem Kapitel auf der räumlichen Anordnung der Beteiligten liegt, gilt auch hier: Es gibt förderliche und weniger förderliche Sitzmöglichkeiten.

Oft sitzen sich Eltern und Lehrer an einem Tisch gegenüber. Wie oben erwähnt, kann diese Anordnung als konfrontativ erlebt werden. Vorteilhafter ist ein angedeuteter Halbkreis, bei dem die Eltern rechts vom Lehrer sitzen.

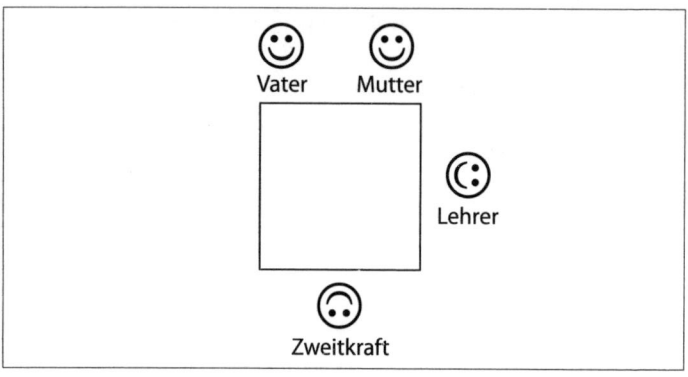

Abb. 5: Vorteilhafte Sitzordnung beim Elterngespräch

Warum rechts vom Lehrer? War nicht vorher die Rede davon, dass das der »Chefplatz« ist? Ist das in der Schule nicht der Lehrer?

Ob nun Schule oder nicht, die Hauptverantwortlichen für das Kind sind und bleiben seine Eltern. Also gebührt ihnen die »Chefposition«. Wir Lehrer sind »nur« Berater und können unterstützend an der Seite der Eltern stehen. Die »Führungsrolle« vor den Eltern zu übernehmen, steht uns (auch als) Pädagogen nicht zu.

Es ist noch möglich, in die durch den Halbkreis entstandene Lücke ein Flipchart zu stellen und dort evtl. Gesprächsnotizen oder wichtige Vereinbarungen zu vermerken.

Wer leitet, wird beobachtet

In einer Schulklasse gilt diese Tatsache erst recht. Die Kinder beobachten ganz genau, wie ihre Lehrer mit Konflikten und Disziplinproblemen umgehen. Sie registrieren alles und spüren, ob sie sich bei ihrer Lehrperson sicher fühlen können oder nicht.

Wie sehr das zutrifft, konnte ich an einem sehr herausfordernden Vormittag erleben:

Um die Schulreife unserer zukünftigen Erstklässler beurteilen und über eine Aufnahme entscheiden zu können, laden wir diese an einem Vormittag in den Unterricht ein.

Nico ist eines dieser Kinder. Die Mutter sagt uns schon im Vorgespräch, dass Nico sehr auf Erwachsene fixiert sei und alles wissen wolle. Mit Gleichaltrigen könne er wenig anfangen.

Nun, Nico ist eine Herausforderung für uns Lehrer und für die Klasse. Er provoziert am laufenden Band, stellt unsere Lehrerautorität infrage und testet alle Grenzen aus.

Bereits in der Eingangsrunde zeigt er seinen Mittelfinger und meint: »Das heißt doch Pimmel oder nicht?« Die Klasse kichert und Nico ist trotz meiner Versuche nicht von diesem Thema abzubringen, sodass ich nicht umhin kann, darauf einzugehen.

Als ich die Kinder bei dem nachfolgenden Vorstellungsspiel (Ball zuwerfen und seinen Namen sagen) anweise, so zu werfen, dass der andere noch gut fangen könne, sagt Nico plötzlich mit lauter Stimme: »Du bestimmst hier nicht!«

Es geht ein Ruck durch die Gruppe. Alle hören gespannt unserem kleinen Dialog zu.

»Doch, das tue ich.«

»Und warum bestimmst du hier?«

»Weil ich die Lehrerin bin und du das Kind bist.«

Nico empört: »Dann bleibe ich nicht in dieser Klasse. Dann will ich in eine andere Klasse.«

»*Auch dort gibt es Lehrerinnen und auch die bestimmen dort.*«

Er will weiter diskutieren, aber ich setze das Spiel mit den anderen fort.

So ähnlich geht es weiter mit Nico. Als wir schließlich wieder »unter uns« sind, machen die Kinder ihrer Empörung Luft. Was der sich erlaubt hat! Sie können es nicht fassen. So viel Unverschämtheit hätten sie noch nie erlebt.

An diesem Vormittag ist es schwer gewesen mit dem Lernen und der Konzentration. Erleichtertes Seufzen: »Oh ja!« Trotzdem haben alle die Situation gut gemeistert und, so gut es ging, gearbeitet. Und aus Nicos provozierendem Verhalten konnten alle etwas lernen.

Ich frage die Kinder, wer sich an die Situation erinnere, in der Nico während der Freiarbeit laut zu singen anfing. (Er hatte mitbekommen, dass es in der Freiarbeit leise zu sein hatte.) Fast alle Kinder heben die Hand.

»*Wer weiß noch, was er während des Singens gesagt hat?*«

»Dass jetzt die Lehrerin gleich schimpfen wird.«

»*Und wer hat beobachtet, was ich gemacht habe?*« (Ich saß gerade neben einem Kind und erklärte diesem etwas.)

Ein Erstklässler (!) meldet sich: »Du hast ärgerlich geguckt. Aber du hast nichts gesagt und nicht den Nico angeschaut.«

»*Und was ist dann passiert?*«

»Nico hat aufgehört zu singen.«

Stimmte genau! Das mit dem Ärgerlichschauen ist mir allerdings nicht bewusst gewesen. Ich bin verblüfft. Da denkt man als Lehrer, die Kinder arbeiten, dabei haben sie alle Antennen ausgefahren und beobachten jede Reaktion genau. Wer leitet, wird beobachtet! Wie wahr!

Was haben wir nun aus Nicos Besuch gelernt? Ich frage die Kinder, ob sie auch schon einmal provoziert worden seien, z. B. in der Pause. Natürlich! Solche Situationen kennen sie gut. Sie erzählen davon und auch von dem Ratschlag, den sie manchmal bekämen: einfach nicht hinzuhören, wenn sie beleidigt würden.

Ich meine:

»*Einfach ist das zwar nicht, diesen Rat zu befolgen. Aber heute konntet ihr bei Nico beobachten, dass das Weghören hilft. Und wenn ihr es schafft, nicht zu reagieren, dann ärgert sich der andere, weil er nicht erreicht hat, was er wollte.«*

Schüler schätzen Grenzen

Kinder brauchen Grenzen, um einerseits Sicherheit im eigenen Handeln erlangen zu können und sich andererseits geschützt zu fühlen.

Ein besonders feinfühliger, für sein Alter sehr reifer und sprachgewandter Junge (3. Klasse) bringt das in vielen Freuderunden immer wieder zum Ausdruck:

»Ich bin froh, dass ich in dieser Klasse bin. Frau G., du bist total nett, aber ich find's gut, dass du auch streng bist.«

Dann zieht er einen Vergleich mit einer anderen Lehrerin, in deren Fachunterricht er ist, und sagt, wie schlimm er es findet, dass diese einem bestimmten Schüler keine Grenzen setzt. Es scheint, als fehle ihm bei ihr der schützende Rahmen.

Das scheint ihm sehr wichtig zu sein, denn er erwähnt es immer wieder das ganze Jahr hindurch.

Zutrauen stärkt

Ob im Schulalltag, bei den Vorbereitungen auf den Unterricht oder im Kontakt mit den Schülern: Wir Lehrer stoßen immer wieder auf die Frage:»Wie viel kann ich ihnen zutrauen und zumuten? Wie weit kann ich sie fordern, ohne sie zu überfordern? Was kann ich verlangen?«

Dabei sind die meisten von uns, so glaube ich, grundsätzlich eher geneigt, die Fähigkeiten und Kräfte der Schüler zu unterschätzen. Wir wollen ihnen helfen, wollen die Forderungen vernünftig dosieren, das Lernfeld überschaubar gestalten, wollen Rücksicht nehmen aus Sorge, sie zu überfordern, wollen ihnen (und uns?) Enttäuschungen ersparen. Ein Gegenbeispiel ist der Film »Rhythm is it«.

Darin fordert der Tanzlehrer die Jugendlichen bis an ihre Grenzen. Man könnte auch sagen: Er mutet ihnen viel zu. Bei einer der Tanzproben, bei der es hart zur Sache geht, ist eine der beobachtenden Lehrerinnen der Meinung, ihre Schüler seien überfordert. Die Grenzen ihrer Möglichkeiten seien erreicht. Sie fordert Schonung für ihre Schüler.

In einem Interview äußert sich die Lehrerin kritisch zu den Anforderungen des Tanzlehrers. Sie glaubt, ihre Schüler wären nicht in der Lage, diese zu meistern. Im Interview mit den tanzenden Schülern hören wir: »Wir könnten noch mehr!«

Brigitte K., auch Lehrerin und mit mir Teilnehmerin der Weiterbildung »Systemische Pädagogik«, erzählte mir eine ähnliche interessante Erfahrung mit ihrer 9. Klasse:

Der Vortag: Mittwoch, ein langer Fußballabend, Champions League Halbfinale, Bayern – Madrid, Elfmeterschießen.

Donnerstagmorgen, 2. Stunde, Latein in meiner 9. Klasse, 24 Jungen, 5 Mädchen. An der Tür warten bereits einige Schüler mit leidvoll bittendem Lächeln. Mal sehen, was sie wollen.

»Wir können heute die Lateinwörter nicht so gut. Wir hatten wenig Schlaf. Das Spiel gestern war so aufregend. Bitte, bitte können Sie heute auf die Abfrage verzichten?« Mit einem »Jetzt fangen wir erst mal an« betrete ich das Klassenzimmer. Nach einem wirklich müden »Salve Magistra!« geht es zur Hausaufgabenkontrolle.

Die vorgetragenen Bitten klingen mir noch im Ohr. Auf die Abfrage verzichten wegen eines Fußballspiels? Die kommen auf Ideen! Aber halt! Hatte nicht sogar schon einmal das Kultusministerium eine solche Bitte an die Schulen herangetragen? Ich hielt das schon damals für ein völlig falsches Signal.

»Einige von euch sind an mich herangetreten und haben mich gebeten, wegen des langen Fußballabends gestern auf die Abfrage zu verzichten. Natürlich könnte ich jetzt auf eure Befindlichkeit Rücksicht nehmen und sagen: Na gut, war schon eine lange Nacht und klar, nervlich sehr aufreibend und dann die Freude, dass alles noch gut ausgegangen ist. Also lassen wir das mit der Abfrage. Ihr wärt erleichtert und ich hätte sicher ein paar Pluspunkte bei euch gesammelt. Aus meiner Sicht ist dieses Entgegenkommen die eine Seite der Medaille. Es bedeutet andererseits, dass ich euch nach einem aufregenden Fußballabend für nicht in der Lage halte, euren schulischen Pflichten nachzukommen. Es würde bedeuten, dass ein Fußballabend euch so schwächt, dass ihr euch am nächsten Tag nicht mehr der Herausforderung der Lateinabfrage stellen könnt. Würde ich so von euch denken, müsste ich glauben, dass ihr alle Schwächlinge seid – und dass das *nicht* der Fall ist, weiß ich. Ich halte euch durchaus für fähig, am Abend Fußball zu gucken und am nächsten Tag in der Schule eure Leistung abzuliefern. Im Übrigen haben eure

Eltern und ich das nach dem Finale 1974 auch gekonnt. Warum solltet ihr das nicht auch schaffen?«

Während dieser Worte geht ein spürbarer Ruck durch die Klasse. Die Schüler rutschen hin und her, und irgendwie sitzen alle aufrechter auf ihren Stühlen. Die Müdigkeit scheint einer neuen Aufmerksamkeit gewichen zu sein. Offensichtlich geben meine Worte den Schülern eine neue Betrachtungsmöglichkeit. Ihnen wird bewusst, dass sie auch in einer unbequemen Situation Herr der Lage sein können. In schwierigen Situationen etwas zugemutet zu bekommen stärkt mehr, als immer wieder in Watte gepackt zu werden. Die folgende Abfrage verläuft ohne Probleme und führt zu einem guten Ergebnis.

Verantwortung als Erwachsener übernehmen

Eine unserer Aufgaben als Pädagogen ist es, den Kindern Verantwortung zu übertragen und zuzutrauen. Verantwortung für ihr Lernen, Verantwortung für ihre Pflichten, Verantwortung für ihr Handeln, Verantwortung für das gemeinsame Zusammenleben in der Klasse und mit den Klassenkameraden.

Manche Kinder sind darin aufgrund ihres häuslichen Umfelds geübt. Für uns Lehrer sind solche Kinder eine wertvolle Unterstützung. Gerade weil ihr verantwortliches Handeln so hilfreich und entlastend für uns ist, verschwimmen manchmal die Grenzen zwischen den Bereichen.

- Welche Themen gehören in die Verantwortung der Kinder?
- Was ist angemessen?
- Welche Bereiche des Miteinanders gehören in den Zuständigkeitsbereich des Lehrers?

Die Grenzen müssen den Erwachsenen bewusst sein. Sonst besteht die Gefahr, den sozial starken Kindern zu viel zuzumuten, ihnen eine Last aufzubürden, die wir in unserer Verantwortung als Erwachsene selbst zu übernehmen und zu tragen haben.

Ein wichtiges Thema ist in diesem Zusammenhang die »Disziplin«. Für deren Einhaltung hat der Erwachsene Sorge zu tragen. Überlässt er diese Aufgabe den Schülern oder überträgt er ihnen diese Aufgabe sogar (oft haben Klassensprecher diese Pflicht), geraten die Kinder in eine Position, die ihnen nicht gebührt, die sie überfordert und in der sie über ihre Mitschüler gestellt werden. Das schadet nicht nur den jeweiligen Kindern, sondern schmälert auch die Autorität des Lehrers und sein Ernst-genommen-Werden als Erwachsener.

Hierzu ein Beispiel meiner Kollegin Frau R.:

> Seit knapp einem halben Jahr unterrichtet Frau R. zwölf Kinder der 3. und 4. Jahrgangsstufe im Fach Kunst. Erfahrungsgemäß verhalten sich Kinder im Fachunterricht mit nur zwei Wochenstunden bzgl. Disziplin und Arbeitsverhalten anders als beim Klassenlehrer.
>
> Als sie eines Tages das Klassenzimmer betritt, informieren sie einige der Viertklässler, dass es soeben einmal wieder heftigen Streit zwischen zwei Mädchen gegeben habe, die Klassenkameraden aber bereits selbstständig die Streitenden getrennt und »versorgt« haben. Der einen Kandidatin wird in der Leseecke von zwei Kindern etwas vorgelesen, bis sie sich beruhigt hat, die andere sitzt bereits mit »Sicherheitsabstand« im Kreis. Die Situation wirkt auf die Kollegin soweit geklärt, dass sie mit dem Kunstunterricht beginnen kann.
>
> Im Abschlusskreis äußern sich die Kinder zum Thema »Was mag ich am Kunstunterricht – was gefällt mir nicht so gut«. Mehrere Schüler bedauern, dass der eigentliche Unterricht immer wieder durch Streit und Konflikte gestört wird und unterbrochen werden muss. Auch empfinden es die Jungen als belastend, schlichten und intervenieren zu müssen. Diese Aussage lässt die Kollegin aufhorchen. Hat es hier eine Verschiebung zwischen Lehrer- und Schülerzuständigkeiten gegeben? Sie schaltet sich ins Gespräch ein. Zunächst bedankt sie sich bei den Schülern für ihr verantwortungsvolles Handeln zum Wohle der Klassengemeinschaft und anerkennt, wenn Schüler ihre Konflikte selbstständig schlichten können. Dann betont sie, dass die Lösung dieser Art von Konflikten grundsätzlich Aufgabe des Lehrers ist, dass die Schüler ihr, der Lehrerin, diese Aufgabe mit gutem Gefühl überlassen und zutrauen dürfen und sich nicht verantwortlich fühlen müssen. Die Kollegin konnte die Erleichterung in den Gesichtern der Buben erkennen.

Humor löst

Gerechtigkeit und Humor – Eigenschaften, die bei Schülern in der Bewertung von Lehrerqualitäten an oberster Stelle stehen.

Gemeint ist nicht sarkastischer oder ironischer Humor. Den verstehen Kinder im Grundschulalter sowieso noch nicht wirklich. Sondern einfach einmal über eine Situation oder mit einem Kind lachen, über ein Vorkommnis mit einem Augenzwinkern hinwegsehen, einen Witz erzählen oder erzählen lassen, Spaß haben mit den Kindern oder Ähnliches.

Früher traute ich mich nicht, einen Witz oder eine lustige Bemerkung in der Klasse zu machen, weil ich dachte, ich würde damit meine Autorität untergraben. Wenn die Kinder im Unterricht plötzlich lachten, fragte ich nicht, was denn so lustig sei. Nein, ich versuchte, möglichst schnell wieder Ruhe zu schaffen – aus Sorge, die Situation könnte mir entgleiten.

Heute weiß ich, wie entspannend und verbindend Humor sein kann. Ich habe erfahren, dass Humor die eigene Autorität nicht untergräbt, sondern – im Gegenteil – stärkt.

Hier nun eines meiner Erlebnisse mit Humor: Zuerst in einer verletzenden Weise gebraucht wird er am Schluss »der Helfer in der Not«.

Ich bin mit meiner Klasse im Schulhaus unterwegs. Als wir wieder in unserem Klassenzimmer im zweiten Stock ankommen, bemerke ich, dass Theo (3. Klasse) nur noch einen Hausschuh trägt. Ich frage ihn, wo sein Hausschuh sei. Er sagt, er habe ihn verloren.

Ich verstehe nicht: »*Wie – verloren???*«

Theo: »Als wir von der Aula raufgegangen sind.«

Ich irritiert: »*Und warum bist du nicht stehen geblieben und hast ihn wieder angezogen?*«

Theo: »Ich hab's nicht gemerkt!«

Ich kopfschüttelnd: »*Du hast deinen Hausschuh beim Gehen verloren und es nicht gemerkt?*«

Theo: »Ja.«

»*Ist das dein Ernst?*« Ich kann es nicht fassen.

Theo völlig unschuldig: »Ja.«

»*Das gibt's ja nicht! Das ist die beste Ausrede, die ich je gehört habe!*«

Theo ernst: »Ich hab's wirklich nicht gemerkt!«

Jetzt kann ich mich nicht mehr halten. Ich muss laut loslachen. Vor meinem inneren Auge sehe ich die Szene vor mir: Theo auf der Treppe – sein Hausschuh rutscht von seinem Fuß – er geht in Strümpfen weiter auf dem kalten Steinboden – und oben dann sein

Erstaunen: »Oh, wo ist nur mein Schuh geblieben? Eben war er noch an meinem Fuß!«

Wir sitzen inzwischen im Kreis, als ich merke, dass Theo Tränen in den Augen hat. Es ist ihm wirklich ernst gewesen mit seiner Aussage und ich habe mich über ihn lustig gemacht. Es dauert noch eine Weile, bis mir klar wird, wie sehr ich ihn gekränkt habe. Gerade als ich mich bei ihm entschuldigen will, muss ich wieder kichern. Es ist mir unangenehm und peinlich, aber es gelingt mir nicht, ernst zu werden. Nun ist es um Theos Fassung geschehen. Tränen kullern ihm über seine Wangen. Spätestens jetzt ist es an der Zeit, Theos Befinden ernst zu nehmen. Die anderen Kinder, soweit ich sie überhaupt wahrnehme, finden die Situation gar nicht so witzig. Sie versuchen, Theo zu trösten.

»Das ist mir auch schon mal passiert.«

»Meine Oma hat auch mal ihre Brille gesucht, obwohl sie sie auf dem Kopf hatte.«

Endlich erkenne ich die Tragweite der Situation und bekomme mich wieder in den Griff. Zu den Kindern sage ich:

»Es ist nett von euch, dass ihr Theo trösten wollt, aber ich glaube, er weint nicht, weil er seinen Hausschuh verloren hat, sondern weil ich ihn mit meinem Lachen gekränkt habe. Ist das so, Theo?«

Theo nickt – unfähig zu sprechen. Ich stehe auf, gehe zu ihm hin und entschuldige mich bei ihm. Es täte mir leid, dass ich ihn gekränkt habe, und dass das nicht meine Absicht gewesen sei. Ich hätte einfach die Situation so lustig gefunden. Theo nimmt meine Entschuldigung an. Dann herrscht betretenes Schweigen in der Runde. Keiner sagt ein Wort. Alle schauen mich an. Wie soll es jetzt weitergehen? Wie kann ich die Spannung auflösen, die im Augenblick spürbar ist? Den Unterricht fortsetzen? Über die Situation sprechen?

Etwas ganz anderes musste her! Eine Begebenheit aus einer Weiterbildungsveranstaltung konnte die Rettung sein. Eine Teilnehmerin war zu spät gekommen. Der Leiter erzählte, wie er damals als Lehrer mit solchen Situationen umgegangen sei. Wenn bei ihm ein Schüler zu spät gekommen war, hatte er ihn aufgefordert, mit einer witzigen Ausrede zu punkten. Je lustiger, desto besser. Damit nahm er einerseits auf elegante Weise die »Dramatik« aus dem Regelverstoß und ließ andererseits den »Delinquenten« mit einer positiven Handlung im Mittelpunkt stehen. Diese Souveränität verschaffte wiederum ihm selbst Respekt bei seinen Schülern. Er forderte die verspätete Teilnehmerin auf, sich eine gute Ausrede einfallen zu lassen. Durch das »Versäumnis« der Teilnehmerin hatten schließlich alle einen Heidenspaß. Unnötig zu sagen, wie froh sie selbst darüber gewesen war, ja sogar gerührt, auf diese Weise empfangen und entlastet worden zu sein.

Zurück zu Theo und dem unangenehmen Schweigen in der Klasse. Weil ich Theos Aussage auch für eine Ausrede gehalten habe, erzähle ich den Kindern von dieser Weiterbildung und den vielen lustigen und verrückten Ausreden. Dann denken wir uns gemeinsam witzige Ausreden für Theos verlorenen Schuh aus. Die Spannung löst sich, die Kinder sprudeln vor Ideen – und Theo findet Gott sei Dank sein Lachen wieder. Am meisten erleichtert bin wohl ich selbst. Ich hatte mich für mein verletzendes Verhalten geschämt. Die fröhliche Stimmung in der Klasse hilft mir darüber hinweg.

Wahrheit überzeugt

Es ist der letzte Tag vor den Faschingsferien. Alle Schüler kommen verkleidet in die Schule. In der Pause sehe ich zwei Achtklässler nur im Unterhemd draußen stehen. Es hat zwei Grad! Ich bitte sie, sich etwas Wärmeres anzuziehen.

Sie protestieren: »Wir sind doch als Sportler verkleidet!«

»Trotzdem zieht ihr euch wärmer an. Es ist zu kalt.«

»Uns ist überhaupt nicht kalt.«

Es geht hin und her. Überzeugen lassen sie sich nicht so einfach.

Schließlich sage ich: *»Wenn ihr halb nackt draußen seid, komme ich in Erklärungsnot. Ich bin jetzt schon mehrere Male von den Jüngeren gefragt worden, warum ihr das dürft und sie das nicht dürfen. Da weiß ich nicht, was ich sagen soll. Das bringt mich in Bedrängnis.«*

Sie sehen mich kurz an. Mit einem selbstverständlichen »Okay« drehen sie sich um und verschwinden im Schulhaus. Ich bin überrascht. Ich hatte nicht erwartet, dass das Eingeständnis meiner Ratlosigkeit die zwei 14-Jährigen beeindrucken würde.

Einige Minuten später erscheinen sie wieder – mit Pulli! Ich bedanke mich, und sie nicken freundlich.

35

Ehrlichkeit hilft

Viele Informationen, die Lehrer im Lehrerzimmer, in der Konferenz, im Flur, im Gespräch mit Kollegen oder über andere Wege erhalten, sind nur für sie bestimmt. Auch wenn sie die Klasse oder einzelne Kinder betreffen und Auswirkungen auf den Unterricht oder den Schulalltag haben, bleiben sie im Kreise der Erwachsenen. Es gibt aber auch Situationen, in denen die Weitergabe von gerade eben diesen Informationen hilfreich ist. Oft denkt man als Pädagoge: »Das geht die Kinder nichts an!« Man erfindet Begründungen oder Erklärungen, warum dies oder jenes so gehandhabt wird und nicht so, wie es sich die Kinder vorstellen oder wünschen. Bei aufmerksamer Beobachtung merkt man, dass diese Begründungen – so wohlgemeint und durchdacht sie oft sein mögen – Verwirrung, Unzufriedenheit oder Unruhe bei den Kindern auslösen.

So erging es auch meiner Kollegin Frau M., die mir Folgendes erzählt hat:

»Als die 8. Klasse mit vierundzwanzig Schülern zu mir zum Unterricht kommt, ist sie unruhig, laut und unaufmerksam. Eigentlich hätte ich nur die Hälfte der Klasse gehabt, aber da der Unterricht beim Kollegen nun zum wiederholten Mal ausfällt, habe ich wieder die ganze Klasse. Keine einfache Sache, aber eigentlich kann ich damit umgehen. Ich bin Fachlehrerin für Ernährung und Gestaltung und der Kollege, dessen Unterricht ich vertrete, gibt Werken. Wir haben also normalerweise beide je eine halbe Klasse.

Meine Schülergruppe macht ihre angefangenen Arbeiten weiter, und die Schüler des Kollegen dürfen frei eine Arbeit wählen. Die Betonung liegt dabei aber auf Arbeit! Dies kann Englisch, Mathe, Deutsch sein, Arbeit an Referaten und Projekten, einzeln oder in der Gruppe. Es sind auch Spiele erlaubt, da sie für mich ein Lernen im sozialen Bereich bedeuten.

Es wird einfach nicht ruhig. Auch meine Gruppe ist diesmal extrem unruhig. Da die Schüler sehr unterschiedlich arbeiten, kann ich den Fragen nicht schnell genug nachkommen. Auch die oft gewünschte Hilfestellung ist schwer zu leisten.

Einige Werkschüler arbeiten ebenfalls ernsthaft. Auch da gibt es Nachfragen. Insgesamt ist die Situation aber anstrengend und unbefriedigend für mich.

Die Werkschüler sind zum Teil sehr unzufrieden.

Ständig höre ich: »So ein Scheiß, ich will endlich meinen Gegenstand fertig machen.« – »Warum dürfen wir denn jetzt bei Ihnen nicht in den Werkraum?«

Es ist ein aufmüpfiges Gemotze und eine für mich sehr belastende Lautstärke. Papierkügelchen fliegen durch die Gegend, einige schminken sich, einige fangen an zu raufen. Die Situation schaukelt sich immer mehr hoch und ich werde immer nervöser und unkonzentrierter. Ich habe genug!

Dann kommt von einem der Schüler die für mich erlösende Frage: »Warum fehlt Herr W. eigentlich so häufig?«

Ich frage, ob ihnen denn das niemand gesagt habe, der Klassenlehrer oder Herr W. selbst. Ein »Nein« ist die Antwort. Daraufhin hole ich alle Schüler zusammen und erkläre: *»Mir gefällt das Arbeiten von und mit euch heute überhaupt nicht. Es strengt mich an. Immer wenn Werken ausfällt und ich euch alle habe, findet ihr einfach nicht in eure Arbeit.«*

Irgendein Schüler bringt einen Einwurf, andere wollen sich anschließen. Ich gebiete ihnen deutlich, still zu sein und zuzuhören. Dann fahre ich fort: *»Ich finde es schade, dass man euch nicht gesagt hat, warum der Werkunterricht immer wieder ausfällt. Ich weiß nicht, ob ich jetzt meine Grenzen überschreite, aber dafür übernehme ich die Verantwortung. Der Grund für das Fehlen von Herrn W. ist folgender: Seine Mutter hat Krebs und wird wahrscheinlich nicht mehr lange leben. Herr W. fährt sie immer wieder zur Chemotherapie nach München. Es kann also euer Werkunterricht noch öfter ausfallen. Ihr dürft bei mir nicht an seinen Werkstücken weiterarbeiten, weil Herr W. seine eigene Art zu arbeiten hat und ich ihm nicht dazwischenfunken will. Außerdem müsste ich dann drei Räume beaufsichtigen, was mir zu gefährlich ist mit den Geräten, die ihr benützt.«*

Es ist lange still, sehr still. Ich frage nach, ob noch jemand etwas sagen möchte. Keiner meldet sich.

»Dann macht euch jetzt an eure Aufgaben!«

Alle Schüler arbeiten, unterhalten sich nun in angemessener Lautstärke, und bei manchen Schülern entdecke ich Nachdenklichkeit und einen Hauch von Bewegtheit.

Eine Schülerin kommt zu mir und erzählt mir, dass in ihrer Familie die Oma auch Krebs habe und eine Chemo bekomme und wie belastend das für die Familie sei.

Ich habe diese Klasse anschließend noch einige Male in Vertretung. Immer wenn Unruhe und Unmut aufkommt, erinnere ich sie an meine »Ansage« und bitte sie, ihren Teil dazu beizutragen.

Bereitschaft zur Selbstreflexion –
die eigene Lebensgeschichte

Im Zusammensein mit den uns anvertrauten Kindern erleben wir Pädagogen immer wieder Augenblicke der Freude, der Zufriedenheit und des Glücks – seien es nun die Freude über positive Entwicklungen eines Kindes, die Zufriedenheit mit dem eigenen pädagogischen Handeln oder einfach Glücksmomente im Umgang mit den Kindern.

Genauso können Verhaltensweisen einzelner Kinder oder Eltern uns Lehrer auch an die Grenze unseres Könnens und unserer Geduld und damit manchmal an den Rand der Verzweiflung bringen. Oftmals bewirken selbst intensive Elterngespräche, die besten Vorsätze und bewährte pädagogische Maßnahmen keine Veränderung – weder im Bezug auf das Verhalten des Schülers noch des Lehrers selbst. Die Situation scheint festgefahren, die jeweiligen Verhaltensmuster unveränderbar.

Diese Situationen kennt jeder Pädagoge, und nicht selten enden sie in einem sich stetig steigernden Machtkampf, in dem einmal der eine und einmal der andere einen Sieg davonzutragen scheint. Einen wirklichen Gewinn stellen die Siege aber für keine der Parteien dar.

Welche Wege gibt es nun aus diesen schier ausweglos scheinenden Situationen?

In der Schule begegnen sich Schüler, Eltern und Lehrer. Auch wenn der Lehrer in dieser Institution eine bestimmte Rolle einnimmt, so bringt er doch als Mensch seine eigene Familien- und Lebensgeschichte mit, die seine Gefühle und sein Handeln bestimmen. Wenn uns das Verhalten von Kindern, Eltern, Kollegen oder Vorgesetzten besonders belastet, hilflos oder aggressiv macht, lohnt ein Blick in die eigene Vergangenheit. Das Verhalten der am Konflikt beteiligten Person kann an Ungelöstes oder Schweres im eigenen Familiensystem erinnern oder ein belastendes Gefühl aus der Kindheit aktivieren. Das alles geschieht unbewusst, aber es verhindert, dass wir frei und souverän als erwachsene Person handeln können. Gelingt es uns, diese Verknüpfungen und Muster zu erkennen und haben wir den Mut, uns den schmerzenden, verletzenden oder anderweitig belastenden Gefühlen von damals zu stellen, nimmt der aktuelle Konflikt oft eine positive Wendung.

Es gibt verschiedene Möglichkeiten, die tieferen Zusammenhänge aufzuspüren, um wieder in die eigene Kraft und Handlungsfähigkeit zu finden. Neben individueller professioneller Unterstützung sind Supervisionsgruppen eine große Hilfe auf dem Weg der Selbsterkenntnis. Es gibt viele Methoden der Supervision. Die beiden nachfolgend geschilderten Beispiele bedienen sich der Methode des Aufstellens.

Beispiel 1: Verstrickung mit dem eigenen Familiensystem

Frau S. ist Lehrerin einer 6. Klasse. Es sind viele ausländische Kinder in der Klasse. Den größten Anteil bilden Kinder aus dem Kosovo, von denen viele gar nicht oder nur schlecht Deutsch sprechen.

Eines dieser Kinder beschäftigt Frau S. sehr. Sie macht sich Sorgen um ein Mädchen, das bedrückt und traurig wirkt und das kein Wort spricht, weder mit ihr noch mit ihren gleichsprachigen Mitschülern. Nur mit ihrer Schwester, die ebenfalls in der Klasse ist, wechselt sie immer wieder einige Worte.

In der Aufstellung, die in der Supervisionsgruppe durchgeführt wird, stellt sich heraus, dass das Mädchen sehr mit ihrer Heimat verbunden ist. Ihre Eltern sind zwar mit nach Deutschland gekommen, aber die Großeltern des Mädchens leben noch im Kosovo. Das Mädchen fühlt sich sehr zur Großmutter hingezogen, die in der Aufstellung ebenfalls kein Wort spricht. Es macht den Eindruck, als läge ein tiefes Geheimnis in der Familie, über das nicht gesprochen werden darf. Frau S. treten Tränen in die Augen und sie meint, auch in ihrer Familie gäbe es so ein Geheimnis.

Frau S. wird aufgefordert, dem Mädchen zu sagen: »Ich achte dein Geheimnis. Auch ich habe etwas, über das ich nicht sprechen will.« Bei diesen Worten geht sofort ein Lächeln über die Lippen des Mädchens, begleitet von einem leichten Kopfnicken.

Da es sich um eine Organisations- und keine Familienaufstellung handelt, wird auf das Familiengeheimnis von Frau S. nicht weiter eingegangen. Es hat genügt zu sehen, dass es zwischen Lehrerin und Schülerin eine Gemeinsamkeit gibt und dass Frau S. das Mädchen mit ihrem Satz erreicht hat.

Rückmeldung von Frau S. in der nächsten Supervision:

»Mit dieser inneren Haltung und dem Satz im Ohr ›Ich achte dein Geheimnis‹ ging ich am nächsten Tag in die Schule. Als ich in die Klasse kam, traute ich meinen Augen nicht. Da stand die Schülerin mit ihren Freundinnen zusammen, und sie unterhielten sich. Ich war zu Tränen gerührt und konnte es kaum glauben. Inzwischen spricht sie sogar mit mir ein paar Worte.«

Beispiel 2: Verbindung zu den eigenen Kindheitsgefühlen

Eine Lehrerin (Frau L.) berichtet von einer ihrer Schülerinnen, deren Verhalten sie sehr nerve. Sibylle (2. Klasse) will immer im Mittelpunkt stehen und hat ein schier unstillbares Bedürfnis nach Sonderzuwendung. Oft holt sie sich diese durch Verletzungen oder kleine Unfälle, die ihr passieren. Oder sie findet andere Wege, um sich die Aufmerksamkeit anderer zu sichern. Frau L. erzählt, sie spüre inzwischen eine innere Abwehr und Aggression Sibylle gegenüber, wenn diese wieder einmal verletzt ist, über ein »Wehwehchen« klagt oder sich anderweitig in Szene setze. Sie könne nicht mehr unterscheiden, welches Verhalten von Sibylle als »normal« einzustufen sei und welches aus ihrem Geltungsdrang erwachse. Frau L. ist nicht mehr fähig, Sibylles Verhalten objektiv einzuordnen, sondern fühlt sich gefangen in ihrem Gefühl des »Genervtseins«.

Die Lehrerin weiß, dass es nicht darum geht, Sibylles Verhalten zu verändern. Sie will die Hintergründe für ihre Gefühle herausfinden und ihre eigene Haltung dem Mädchen gegenüber verändern, sodass sie diesem wieder unbefangen begegnen kann.

In einer Aufstellung, die zuerst einmal auf die Dynamik zwischen Frau L., Sibylle und den Kindern der Klasse begrenzt bleibt, wird als Erstes sichtbar, was Frau L. im Vorfeld bereits geschildert hat. Im Laufe des Aufstellungsprozesses wird eine Entspannung zwischen allen Beteiligten erreicht, aber Frau L. will ihren Gefühlen für Sibylle weiter auf den Grund gehen. Die Supervisorin ist auf ausdrücklichen Wunsch von Frau L. hin bereit, die Organisationsaufstellung auf die persönliche Ebene auszuweiten. Dabei werden die tieferen Zusammenhänge deutlich:

So wie jedes Kind hat auch Frau L. als Kind das Bedürfnis gehabt, beachtet und gesehen zu werden. Sie hätte auch gerne einmal im Mittelpunkt gestanden, aber solche Wertschätzung hat sie als Kind nicht erfahren. Diese Erkenntnis ist sehr schmerzlich für Frau L. Die Stellvertreterin für Frau L.s Mutter, die noch in die Aufstellung hineingenommen wird, bedauert das zutiefst. »Ich habe da etwas versäumt«, gesteht sie ihrer Tochter (Frau L.) unter Tränen. »Ich war zu sehr mit meinen eigenen Problemen beschäftigt. Damals konnte ich nicht anders.«

Als sich Frau L. nach dieser »Begegnung« mit ihrer »Mutter« wieder ihrer Klasse und Sibylle zuwendet, bemerkt sie, dass alle sehr aufmerksam dem Geschehen gefolgt sind. Auf die Nachfrage der Supervisorin, wie es den aufgestellten Kindern gehe, meinen diese:

»Das war wichtig für uns. Und jetzt sind wir bereit zum Lernen.« Damit endet die Aufstellung.

Bei der nächsten Supervision gibt Frau L. folgende Rückmeldung:

»Ohne dass ich bewusst einen Vorsatz gefasst hatte, war schon am nächsten Tag mein Gefühl für Sibylle völlig verändert. Sie war plötzlich ein ganz normales Kind für mich. Und als sie in der Pause wieder mit einem Wehwehchen zu mir kam, konnte ich ganz entspannt, ja sogar humorvoll damit umgehen.« Und weiter berichtete sie: »Drei Wochen später waren wir im Schullandheim. Nach eineinhalb Tagen sagte meine Begleiterin zu mir: ›Das ist ein Kreuz mit Sibylle. Alle zehn Minuten hat sie irgendetwas anderes.‹ Bei diesen Worten fiel ich aus allen Wolken. Ich hatte nämlich kurze Zeit vorher noch für mich gedacht: ›Komisch, Sibylle fällt überhaupt nicht mehr auf. Sie tut sich sogar viel seltener weh.‹«

Durch die Auseinandersetzung mit ihrer eigenen Vergangenheit und ihrer verletzten, traurigen Kinderseele ist es Frau L. wieder möglich geworden, unbefangen und angemessen auf Sibylle zu reagieren. Frau L. kann nicht einmal genau sagen, ob sich nur ihre Wahrnehmung Sibylle gegenüber verändert hat oder ob sich Sibylle wirklich anders verhalte und weniger Aufmerksamkeit einfordere.

Es gibt unzählige Berichte und Erlebnisse über »Wundern« gleichkommende Veränderungen nach Aufstellungen. Der Pädagoge braucht Offenheit und Mut, bei Problemen oder Konflikten in die eigene Richtung zu schauen. Aber es lohnt sich!

Durch die Auseinandersetzung mit der eigenen Vergangenheit erfährt der Pädagoge einen inneren Reifungsprozess, der es ihm ermöglicht, immer sicherer und klarer vor seinen Schülern zu stehen und souveräner aufzutreten. Seine anders wahrgenommene Präsenz erleichtert ihm seinen Arbeitsalltag, was die Zufriedenheit und Freude an diesem anspruchsvollen und herausfordernden Beruf erhöht.

Auch die Frage nach der Schuld, die oft bei Eltern oder der jeweiligen Konfliktperson gesucht wird, spielt keine Rolle mehr. Das entlastet alle Beteiligten und öffnet wieder Wege in Richtung Kommunikation und Lösung.

Beim Blick in das eigene Familiensystem führt der Weg unweigerlich zu den eigenen Eltern. Sie sind der Schlüssel, um die eigene Kraft spüren und leben zu können. Wir alle brauchen diese Kraft, um sicher in einer Klasse stehen zu können, störenden Schülern klar begegnen

und Grenzen setzen zu können. Die Kinder spüren die Kraft und größere Präsenz des Pädagogen und reagieren entsprechend darauf. Sie
akzeptieren ihn in seiner Rolle als Erwachsenen und als »Großen«,
und es fällt ihnen leichter, das, was er zu geben hat, anzunehmen.

Wie erreicht ein Pädagoge nun dieses Ziel, in seiner Rolle als
Lehrer akzeptiert zu werden, achtungsvolles Verhalten entgegenge-
bracht zu bekommen und damit einhergehend eine Verringerung der
Disziplinkonflikte zu erreichen?

Für die systemischen »Neulinge« ist es vielleicht schwer vorstell-
bar, für manche schwer zu akzeptieren und die systemisch »Bewan-
derten« wissen es vielleicht aus eigener Erfahrung: Der Weg führt
immer und unausweichlich über die eigenen Eltern. Es bedarf einer
Aussöhnung mit ihnen und damit, was sie getan oder versäumt haben,
und einer Aussöhnung mit all dem Schweren, unter dem wir gelitten
haben oder heute noch leiden. Wenn diese Aussöhnung stattfindet
und das Hadern und die Vorwürfe, ja manchmal sogar der Hass oder
auch das Mitleid versiegen, kann man die Eltern als wohlwollende,
stützende und liebende Kraft im Rücken spüren und annehmen.

Die Aussöhnung mit den Eltern ist oft ein schwerer, manchmal
auch lebenslanger Prozess. Wer ihn durchläuft oder durchlaufen
hat, weiß, um wie viel kraftvoller, leichter und freudiger Leben und
Arbeiten werden.

Viele Bücher sind darüber geschrieben worden. Wer mehr dazu
wissen will, möge in der einschlägigen Literatur nachlesen. Bei Weitem wirkungsvoller, weil das eigene Erleben durch kein Buch ersetzt
werden kann, ist eine Familienaufstellung.

3 Ich gehöre dazu – das Bedürfnis nach Zugehörigkeit

Das Bedürfnis nach Zugehörigkeit ist eines der Grundbedürfnisse jedes Menschen. Vorrangig ist es die Zugehörigkeit zum eigenen Familiensystem, aber auch die Beziehungen zu den Mitschülern und die Zugehörigkeit zur Freundesgruppe und zur Klassengemeinschaft sind von großer Wichtigkeit.

»Kinder erleben die Zeit in der Schule und mit ihren Mitschülern sehr intensiv. In der Gemeinschaft mit Gleichaltrigen begegnet einem Kind oder Jugendlichen das ganze Spektrum der Gefühlswelt: Begeisterung, Ansporn, Freundschaft, Zuneigung – aber auch Enttäuschung, Ablehnung, Aggression, Ausgrenzung. Um bei diesem emotionalen ›Drahtseilakt‹ nicht abzustürzen, braucht das Kind ein Netz, das ihm Sicherheit gibt ... Hat das Kind die Sicherheit, zu seiner Gruppe oder Klasse eindeutig dazuzugehören, so kann es mit diesem Netz so manchen emotionalen Sturm bestehen« (Innecken 2007, S. 134).

Die Zugehörigkeit zu einer Gruppe beginnt mit dem Eintritt des Kindes in diese Gruppe. In der Schule ist das die Klasse. Bereits die Gestaltung des Eintritts hat eine große Bedeutung sowohl für das einzelne Kind als auch für die Gruppe, in die das Kind aufgenommen wird. Für einen guten Start ist es wichtig, dass sich das Kind willkommen und wohlwollend aufgenommen fühlt.

Aufnahmeritual für Schulanfänger

Mit dem ersten Schultag beginnt für das Kind ein neuer Lebensabschnitt. Schon Wochen vorher fiebert es diesem Tag entgegen. Vor den Sommerferien hat es sich von seiner Kindergartengruppe verabschiedet. Nun steht es vor dem Eintritt in eine neue, noch unbekannte Gemeinschaft.

Um die neuen Erstklässler gebührend in Empfang zu nehmen und ihnen von Anfang an das Gefühl zu vermitteln, willkommen zu sein und dazuzugehören, findet an diesem Tag ein Willkommensritual statt, an dem die ganze Schulgemeinschaft teilnimmt.

Die Vorbereitungen dazu beginnen schon lange vor dem eigentlichen ersten Schultag, denn unsere zukünftigen Neuankömmlinge bekommen am Anfang der großen Ferien bereits Post von uns. Da unsere Grundschulklassen aus den Jahrgängen 1 bis 4 bestehen, übernehmen jeweils zwei »alte« Schüler aus der Klasse die Patenschaft für einen Erstklässler. Die Paten schreiben einen Brief an ihr Patenkind und heißen es willkommen.

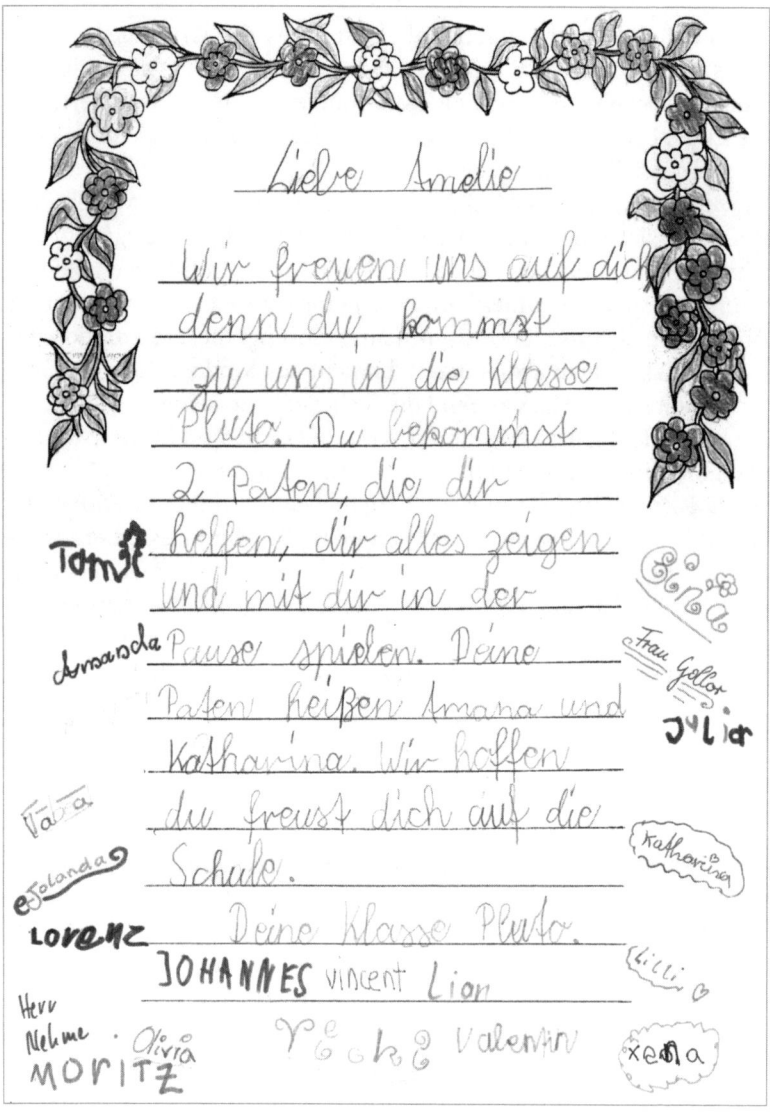

Abb. 6: Patenbrief

Auch wir Lehrer stellen uns in einem Brief vor und teilen dem Kind mit, dass am ersten Schultag eine besondere Überraschung wartet – die Fahrt zur Schule mit einer Pferdekutsche. Die Briefumschläge werden von den Kindern bemalt und an das Kind selbst adressiert. Die Eltern bekommen »ihre« Post extra.

Abb. 7: Von den Paten bemalter Umschlag

Am ersten Schultag treffen sich dann die Eltern mit ihren Kindern am Ortsrand. Dort warten bereits zwei Lehrer bei den Kutschen, um die Kinder und deren Familien zu begrüßen. Die Erstklässler meistern nun die erste Hürde: die Trennung von den Eltern, denn in der Kutsche nehmen nur die Kinder Platz.

Während die Kutschen zur Schule fahren, versammeln sich alle Grundschulkinder in der Aula und setzen sich dort in einen Kreis, eine große Mitte freilassend. Die Lehrer und jeweils ein Kind aus jeder Klasse stellen sich mit ihrem Klassenschild vor den Eingang der Schule und nehmen die Erstklasskinder nach der Kutschfahrt in Empfang. Die Mittelstufenschüler schauen aus den geöffneten Fenstern, um die Neuankömmlinge zu begrüßen. Auch nach Jahren ist dies immer wieder ein bewegender Augenblick!

Bepackt mit Schultüte und Ranzen stellen sich die »Neuen« nun hinter ihren »Schildträger« und halten Einzug in die Schule und die Aula, wo alle dort versammelten Schüler unser Begrüßungslied anstimmen. Die Erstklässler einer Klasse folgen nacheinander ihrem Schildträger, der die Neuen feierlich an allen im Kreis sitzenden Kindern vorbeiführt. Wenn diese Gruppe an ihrer eigenen Klasse vorbeizieht, schließen sich die zu dieser Klasse gehörenden Kinder an. Gemeinsam dreht nun die neu zusammengesetzte Klasse eine Runde, immer begleitet vom Gesang der anderen Kinder. Wieder am eigenen Platz angekommen, setzen sich »Neue« und »Alte« hin und begleiten mit ihrem Gesang nun ihrerseits die nächste einziehende Klasse.

Nach diesem festlichen Ritual und dem Willkommensgruß der Schulleitung ziehen alle Klassen unter musikalischer Begleitung in ihre Klassenzimmer ein.

Dort werden die Erstklässler nochmals persönlich begrüßt, namentlich vorgestellt und mit der Klasse und ihren Paten bekannt gemacht. An diesem Tag stehen sie im Mittelpunkt. Die Gestaltung des Vormittags gilt ihnen. Für die älteren Schüler ist diese Rücksichtnahme selbstverständlich, denn sie erinnern sich gut, wie besonders und aufregend der erste Schultag auch für sie gewesen war. Dann werden die Schultüten bewundert, und es wird über Aufregung, Vorfreude und Erwartungen gesprochen. An diesem ersten Klassengespräch nehmen natürlich auch die Großen teil und berichten über ihr »Liebstes« in der Schultüte, über Erinnerungen an den ersten Schultag und darüber, was ihnen in der Schule besonders gefällt. So ist schnell das Eis gebrochen.

In den nächsten Tagen und Wochen werden die Erstklässler von ihren Paten durch den Schulalltag begleitet und Schritt für Schritt in die Klassengemeinschaft eingeführt. Durch diese intensive Betreuung fühlen sie sich auch in einer Gruppe von über zwanzig Schülern individuell wahrgenommen und beachtet. Mir als Lehrerin bleibt dank der Patenschaften genug Zeit, mich einerseits jedem Einzelnen zu widmen und eine Beziehung aufzubauen und andererseits den Kontakt zu den »alten« Schülern zu behalten. Keiner geht in der Masse unter oder muss um besondere Beachtung kämpfen.

Dadurch, dass die Integration der Erstklässler in die bestehende Gemeinschaft nicht alleine vom Lehrer geleistet werden muss, sondern von den Paten und allen Klassenkameraden mitgetragen wird, entsteht schnell und auf natürliche Weise ein Zugehörigkeitsgefühl. Jeder findet mit der Zeit einen sicheren und festen Platz in der Gruppe und hat so eher die Möglichkeit, seine Energien und Gedanken für das schulische Lernen zu nutzen.

Aufnahmeritual für Quereinsteiger

Häufig kommt es vor, dass Kinder zu uns an die Schule kommen, die schon Schulerfahrungen an staatlichen Schulen gesammelt haben. Diese Kinder kommen nicht unbedarft und unbelastet wie die Erstklässler, sie kommen häufig mit dem Gefühl »versagt« zu haben. Manche haben den Druck nicht ausgehalten, manche konnten die geforderten Leistungen nicht erbringen und wieder andere hatten soziale Probleme. Viele haben dadurch das Gefühl, ihre Zugehörigkeit zur Klasse »verloren« zu haben. So ist es gerade für diese verunsicherten Kinder besonders wichtig, in der neuen Gemeinschaft willkommen geheißen und aufgenommen zu werden. Von Anfang an bekommen auch sie einen Paten an ihre Seite.

Nach der Probezeit und der positiven Entscheidung über die Aufnahme führen wir ein Elterngespräch. Dann wird die Entscheidung dem Kind und danach der Klasse mitgeteilt. Von jetzt an gehört das Kind ganz offiziell zur Klassengemeinschaft. Es soll ihm bewusst vermittelt werden: »Jetzt gehörst du zu uns.« Um das für alle deutlich zu machen, findet ein Aufnahmeritual statt.

Alle Kinder sitzen im Kreis um den Teppich, und ich erzähle dem »Neuling« vom Aufnahmeritual für unsere Schulanfänger. Dann singen wir das Begrüßungslied vom ersten Schultag, nun mit abgeändertem Text:

> »Vor Kurzem kamst du zu uns rauf.
> Jetzt nehmen wir dich bei uns auf.
> Vor Kurzem kamst du zu uns rauf.
> Jetzt nehmen wir dich bei uns auf.
> Der (z. B.) Simon, der Simon, der Simon, der Simon,
> gehört zu uns,
> und das tun wir alle gerne kund«

(nach der Melodie von Rolf Zuckowskis Lied: »Die Jahresuhr«).

Während wir singen, geht das neue Kind im Innenkreis an uns vorbei, wie es die Erstklässler in der Aula taten. Am Ende des Liedes setzt es sich wieder auf seinen Platz im Kreis. Nun geht jeder einzelne Schüler aus der Klasse zu ihm, gibt ihm die Hand, schaut ihm in die Augen und sagt: »(Name des Kindes), du gehörst nun zu uns.« Jedem Kind bleibt freigestellt, ob es noch etwas dazu sagen will. Manche formulieren Sätze wie:

- »Schön, dass du zu uns gekommen bist.«
- »Du bist nett.«
- »Ich freu mich, dass du da bist.«
- »Ich wünsch dir viele Freunde.«

Danach fragen wir das Kind, ob es uns auch etwas mitteilen will. Es gibt Kinder, die sagen, dass sie sich freuen, hier aufgenommen worden zu sein, andere sind einfach nur still.

Den Eltern empfehlen wir, mit ihrem Kind noch einmal an die alte Schule zurückzukehren und sich dort von der Lehrerin und der Klasse zu verabschieden, wenn das möglich ist. Es ist hilfreich, wenn das Kind diesen Abschnitt in seinem Leben würdevoll beenden kann. Das bringt Klarheit für das Kind und für die zurückbleibende Klasse.

Abschiedsritual der Viertklässler

Da wir jahrgangsgemischte Klassen sind, verlässt uns jedes Jahr die Gruppe der Viertklässler, um bei uns in die Mittelstufe aufzusteigen oder an eine andere weiterführende Schule zu gehen. Meistens sind es 5–8 Schüler pro Klasse.

So wie der Schuleintritt beginnt auch mit dem Ende der Grundschulzeit ein neuer Abschnitt für die Kinder. Manche sehen ihm freudig und optimistisch entgegen, andere mit Unsicherheit und Sorge. Der Abschied aus der vertrauten Klassengemeinschaft beschäftigt alle, oft schon Wochen im Voraus.

Damit alle Beteiligten – das scheidende Kind, die scheidenden Eltern, die zurückbleibenden Klassenkameraden und wir Lehrer – offen sind für die anstehenden Veränderungen, hat die Gestaltung des Abschieds große Bedeutung. »Gelingt der Abschied in gutem Einvernehmen und gegenseitiger Achtung, dann fühlen sich beide (Kind und Klasse) frei für einen Neuanfang, beide gehen ihren Weg gestärkt weiter. Gelingt dies hingegen nicht, tritt das Kind mit einem geschwächten Selbstwertgefühl, mit Enttäuschung oder vielleicht sogar voller Groll in die nächste Gruppe ein« (Innecken 2007, S. 135).

So wie die Viertklässler als Schulanfänger mit einem Willkommensritual empfangen wurden, werden sie nun mit einem Abschiedsritual, das am letzten Schultag in der Klasse stattfindet, aus der Grundschule entlassen. Vor dem eigentlichen Ritual wird das Thema Abschied immer wieder in der Klasse aufgegriffen, da es die

Kinder – und nicht nur die »Abgänger« – sehr beschäftigt. Rückblick, Würdigung, Dank, aber auch Trauer und Tränen – alles bekommt seinen Platz in diesen letzten Tagen. Einige Kinder leiden deutlich unter Abschiedsschmerz. Sie wollen nicht aus der Klasse und nicht von ihren Freunden und Lehrern weg.

Diese Zeit ist geeignet, um zurückzublicken auf vier Jahre Grundschulzeit. Dazu versammeln wir uns alle um den Teppich. Ich lege für die Viertklässler drei Satzstreifen aus, die sie still durchlesen und über die sie eine Weile nachdenken sollen:

- Daran erinnere ich mich gerne ...
- Dafür bin ich dankbar ...
- Das hat mich gestärkt ...

Danach sprechen sie über ihre Erinnerungen und wir anderen hören ihnen zu. Hier eine kleine Auswahl aus den vielen, oftmals auch überraschenden Antworten.

- Daran erinnere ich mich gerne:
  - ... »an unsere Theateraufführungen.«
  - ... »an das Fußballspielen mit meinen Freunden.«
  - ... »an unsere Schullandheimaufenthalte.«
  - ... »an meine Aufnahme in die Klasse.«
  - ... »als J. mich im Schullandheim getröstet hat.«

- Dafür bin ich dankbar:
  - ... »dass meine Paten nett waren und mir gesagt haben, dass es nicht so schlimm ist, wenn ich etwas falsch mache.«
  - ... »dass wir die Geburtstage gefeiert haben.«
  - ... »dass ich so viele Freunde gefunden habe.«
  - ... »für alles, was ich in den vier Jahren erlebt und gelernt habe.«
  - ... »dass ich nicht herabgesetzt wurde, weil ich in Deutsch nicht so gut war.«
  - ... »dass ich getröstet wurde, wenn ich traurig war.«

- Das hat mich gestärkt:
  - ... »meine Freunde.«
  - ... »Früher habe ich mir nichts zugetraut. Jetzt weiß ich, dass ich etwas kann.«

- ... »dass wir für die Toten in unseren Familien Kerzen ange-zündet haben.«
- ... »dass ich Paten hatte.«
- ... »die Freuderunden, weil wir sagen konnten, was wir schön fanden.«
- ... »Ich habe mich aufgenommen gefühlt, weil niemand gegen Neue war.«
- ... »dass ich gelernt habe, die Konflikte mit meinen Freunden selbst zu klären.«
- ... »dass ich das Gefühl hatte, ich werde gemocht.«

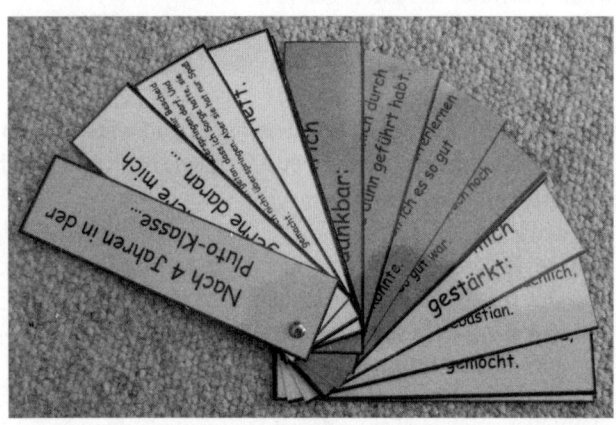

Abb. 8 und Abb. 9: Der Fächer mit den einzelnen Äußerungen des Kindes

Nach dieser Rückschau sind meist auch die Kinder, denen der Abschied besonders schwerfällt, entspannt und guter Laune. Viele ihrer Bemerkungen beziehen sich auf ihre Freunde, Paten, die Mitschüler oder die Klasse als Gemeinschaft. Diesen Rückblick erleben nicht nur die weggehenden Kinder als Stärkung, auch die zuhörenden »zurückbleibenden« Mitschüler erfahren Würdigung und Wertschätzung. Schließlich haben sie wesentlich zu diesen positiven Erinnerungen beigetragen.

Die Äußerungen der Kinder schreibe ich mit und drucke sie auf kleine, farbige Tonpapierstreifen, foliere sie und hefte sie für jedes Kind zu einem Fächer zusammen (siehe Abb. 8 u. 9). Dieses Bündel bekommt jedes Kind dann beim Abschiedsritual am letzten Schultag zusammen mit den Herzchenbriefen der Mitschüler (siehe S. 53) und der Abschiedskarte der Lehrer mit auf den Weg.

Aber nicht nur die Kinder, auch deren Eltern müssen sich von der vertrauten Gemeinschaft und den Lehrern trennen. Auch wenn die Eltern im Alltag nicht in der Klasse zugegen sind, so sind sie doch ein wichtiger Teil davon.

- Ihre Werte, Einstellungen und Verhaltensweisen wirken über ihr Kind in die Klasse hinein.
- Sie pflegen Beziehungen zu anderen Eltern der Klasse und tauschen sich mit ihnen aus.
- Sie haben ihre ganz individuelle Beziehung zum Lehrer.
- Sie unterstützen die Klasse durch ihr Engagement bei Festen, Ausflügen oder Projekten usw.

Sie prägen das Beziehungsgeflecht der Klasse aktiv und passiv entscheidend mit. Viele Eltern bedauern, ähnlich wie die Kinder, ihren Weggang aus der Klasse. Als wichtiger Teil der Gemeinschaft gesehen und deshalb bewusst und würdevoll verabschiedet zu werden ist für alle Beteiligten ein wichtiger Prozess: für die gehenden Eltern, die zurückbleibenden Eltern, die Kinder und die Lehrer. Ich wage zu behaupten: sogar für die im nächsten Schuljahr neu hinzukommenden Familien.

In unserer Klasse handhaben wir die Verabschiedung der Eltern folgendermaßen:

Zwei bis vier Wochen vor dem letzten Schultag planen und organisieren die Viertklasseltern ein Abschiedsfest. In manchen Klassen übernehmen das auch die Drittklasseltern für diese. Der Tag wird so gewählt, dass auch die Väter kommen können. An den vereinbarten Ort bringt dann jede Familie eine Kleinigkeit für ein gemeinsames Buffet mit und was sonst noch nötig ist. Das Beisammensein verläuft ungezwungen und entspannt. Manchmal findet für die Kinder eine Rallye oder eine Schatzsuche statt. Fester Bestandteil ist das gemeinsame Abschiedsritual, das vom »Planungskomitee« in jedem Jahr anders gestaltet wird.

An eines erinnere ich mich besonders gerne, weil es so intensiv und berührend war. Es fand an einem Flussufer statt. Dort war bereits eine große Spirale aus Flusssteinen gelegt worden. Nach dem Essen und einer angemessenen Spielzeit für die Kinder versammelten sich alle Anwesenden außen um die Spirale herum. Wir zwei Lehrer befanden uns am Eingang bzw. Ausgang der Spirale. Nach einer kurzen, inneren Sammlung gingen die Viertklasseltern mit ihren Kindern langsam in die Mitte der Spirale. Die anderen Eltern und Kinder standen außen herum. Als die zu verabschiedende Gruppe im Mittelpunkt angekommen war, wurde Rückschau gehalten. Manche erzählten, wie sie die Zeit in der Klasse erlebt hatten, wie es ihnen in der Gemeinschaft mit den anderen Eltern ergangen war, und manche richteten ihre Äußerungen auch direkt an uns Lehrer.

Auch wir Lehrer sagten ein paar Worte und bedankten uns für das Vertrauen der Eltern und deren wohlwollende Unterstützung. Danach wurde ein gemeinsames Abschiedslied gesungen:

»Möge die Straße uns zusammenführen
und der Wind in deinem Rücken sein.
Sanft falle Regen, auf deine Felder,
und warm auf dein Gesicht der Sonnenschein.

Und bis wir uns wieder sehen,
halte Gott dich fest in seiner Hand
Und bis wir uns wieder sehen,
halte Gott dich fest in seiner Hand.«

(aus Irland)

Bei diesem Lied kamen einigen Viertklasskindern (und auch Eltern) die Tränen, und es war anrührend zu sehen, wie sie von ihren Eltern in den Arm genommen und gehalten wurden. Beim abschließenden Auszug verabschiedeten sich am Ausgang der Spirale Eltern und Kinder einzeln von uns Lehrern. Durch die offene, herzliche Atmosphäre, die durch das Ritual entstanden war, war es möglich, dass auch wir Lehrer die Kinder in den Arm nehmen durften, eine Geste, in der die Vertrautheit und gegenseitige Zuneigung sichtbar werden durfte – keine Selbstverständlichkeit mehr bei Kindern im Alter von 10/11 Jahren. Umso schöner, wenn sie zum Ausdruck gebracht werden darf. Es war zu beobachten, dass auch Eltern, die eher Schwierigkeiten mit emotionalen Situationen haben, freudig und zufrieden nach Hause gingen.

Ein Mädchen meinte später: »Mich hat das Abschiedsritual gestärkt, weil wir so würdevoll verabschiedet wurden.«

Nun zurück zum klasseninternen Abschied, der am letzten Schultag stattfindet.

Dazu tragen alle ihren Teil bei: die Mitschüler, die Lehrer und auch die zu Verabschiedenden. Die Vorbereitungen dazu beginnen bereits einige Tage vorher.

Die Viertklässler gehen dazu für zwei bis drei Unterrichtsstunden aus dem Klassenraum. Jeder schreibt zwei Briefe – einen an die Klasse und einen an die Klassenlehrer. Den Brief an die Klasse liest jedes Kind am letzten Schultag beim Abschiedsritual vor. Diese Briefe werden dann im neuen Schuljahr für alle sichtbar im Klassenzimmer aufgehängt. Das Vorlesen der Lehrerbriefe ist freiwillig, da sie oft sehr persönlich geschrieben und nicht für alle Ohren bestimmt sind.

Während die Viertklässler an ihren Briefen arbeiten, bekommen die anderen Kinder buntes Papier, auf das große Herzchen kopiert sind. Das sind unsere Herzchenbriefe. In die Herzchen schreiben die Kinder Abschiedsworte für ihre Mitschüler. Es bleibt den Kindern überlassen, an welche Viertklässler sie schreiben wollen. Erstaunlich ist, dass die meisten Kinder nicht nur ihren Freunden schreiben, sondern oftmals allen Viertklässlern, ja manchmal sogar mehrere an dasselbe Kind.

Die Briefe der Viertklässler und die Herzchenbriefe werden von den Kindern bis zum Abschiedsritual aufbewahrt.

Am letzten Schultag ist es dann soweit. Das Abschiedsritual beinhaltet, ebenso wie das Aufnahmeritual für Quereinsteiger, Elemente des Willkommensrituals für die Schulanfänger, sodass sich für die Viertklässler, die von Anfang an in der Klasse waren, etwas wiederholt und abrundet.

Für das Ritual sitzen die Kinder ihrem Alter entsprechend im Kreis um den Teppich. Obwohl der Kreis geschlossen ist, hat er für uns doch einen Anfang. Er beginnt mit den Lehrern, die nebeneinandersitzen, daran anschließend das älteste Viertklasskind und dann alle anderen Kinder nach ihrem Alter im Uhrzeigersinn daneben. Diese Sitzordnung verdeutlicht nun für jeden aus der Klasse sichtbar die Reihenfolge, wann die einzelnen Kinder in die Klasse eingetreten sind. Die Viertklässler sind schon am längsten in der Klasse und sitzen deshalb als Gruppe links neben den Lehrern. Danach die Gruppe der Drittklässler, der Zweitklässler und schließlich die Erstklässler als jüngste Klassenmitglieder. In der Mitte liegt ein buntes Band mit vier Kerzen und vier Kärtchen mit den entsprechenden Schuljahren.

Abb. 10: Jede Kerze symbolisiert ein Schuljahr

Nun gehen wir alle in Gedanken zum Anfang zurück, nämlich in das Schuljahr, als die jetzigen Viertklässler eingeschult wurden und als Erstklässler in die damalige Klasse kamen. Die Viertklässler stehen auf und die erste Kerze wird angezündet. Es folgt das nächste Schuljahr. Die damaligen Erstklässler wurden Zweitklässler und es kamen neue Erstklässler in die Klasse – unsere jetzigen Drittklässler. Die entsprechende Gruppe steht auf und die zweite Kerze wird angezündet. Es folgen die nächsten beiden Schuljahre, sodass am Ende die Klasse in ihrer jetzigen Zusammensetzung steht.

Nun werden die Viertklässler einzeln verabschiedet und aus dem Klassenverband entlassen: Das erste Viertklasskind liest seinen Brief an die Klasse vor und, wenn es will, auch noch den Brief an die Lehrer. Dann lesen die anderen Kinder ihre Herzchenbriefe für dieses Kind vor. Keiner muss. Viele machen es gerne, anderen wiederum ist es unangenehm, so viel Persönliches preiszugeben.

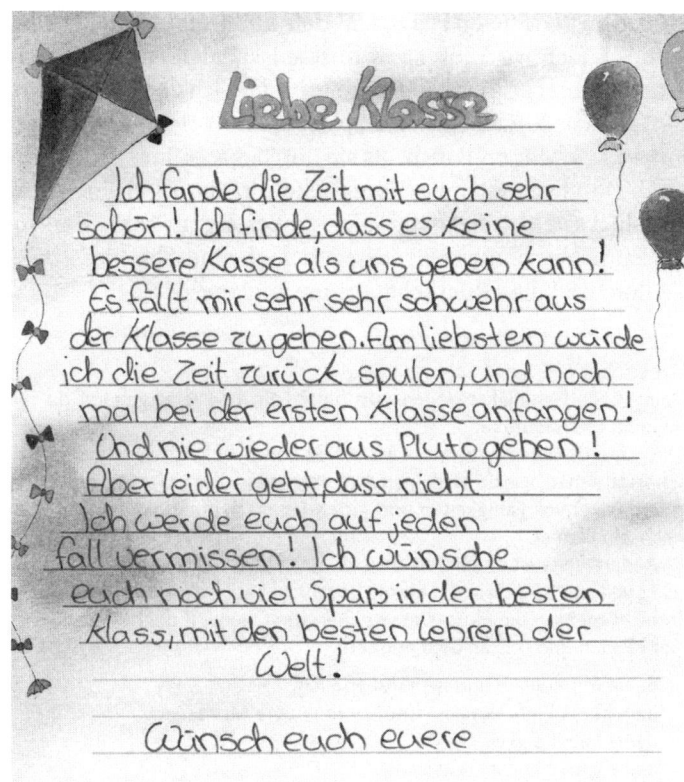

Liebe Klasse

Ich fande die Zeit mit euch sehr
schön! Ich finde, dass es keine
bessere Kasse als uns geben kann!
Es fällt mir sehr sehr schwehr aus
der Klasse zu gehen. Am liebsten würde
ich die Zeit zurück spulen, und noch
mal bei der ersten Klasse anfangen!
Und nie wieder aus Pluto gehen!
Aber leider geht dass nicht!
Ich werde euch auf jeden
fall vermissen! Ich wünsche
euch noch viel Spaß in der besten
Klass, mit den besten Lehrern der
Welt!

Wünsch euch euere

Abb. 11: Ein Brief an die Klasse

Schließlich singen wir unser Abschiedslied für dieses Kind. Dessen Melodie (Rolf Zuckowskis Lied »Die Jahresuhr«) kennen alle aus dem Willkommensritual, nur der Text wurde wieder entsprechend abgeändert:

> »Jahr eins und zwei und drei und vier,
> die Jahre hier war'n schön mit dir.
> Jahr eins und zwei und drei und vier,
> die Jahre hier war'n schön mit dir.
> Der (z. B.) Jakob, der Jakob,
> der Jakob, der Jakob,
> er/sie geht, er/sie geht,
> weil die Lebensuhr sich für ihn/sie weiter dreht.«

Das Viertklasskind geht während des Liedes im Kreis innen an allen Kindern vorbei (wie bei der Einschulung) und bekommt von seinen Mitschülern die an ihn gerichteten Herzchenbriefe überreicht. Nach Beendigung des Liedes bilden wir Lehrer mit unseren Händen ein Tor, durch das das Kind hindurchschreitet und somit sinnbildlich den Klassenverband verlässt. Manche Kinder erzählten später beim abschließenden Eisessen von einem Kribbeln im Bauch, als sie durch dieses Tor schritten.

Nach Durchschreiten des Tores bekommt das Kind eine Kette mit einem Glücksstein umgehängt als Erinnerung an seine Zeit in der Klasse. Zum Abschluss überreiche ich noch eine Abschiedskarte mit Klassenfoto und die »Rückschauerinnerungen«.

Lieber ...

Deine Grundschuljahre liegen nun hinter dir, und jetzt gehörst du nicht mehr zu uns »Plutos«.

Einerseits freuen wir uns, dass du deinen Schulweg weitergehst. Es ist schön zu sehen, wie du an deinen Aufgaben gewachsen bist und dass du mit einem Paket voll Fähigkeiten und guten Eigenschaften in eine neue Klasse wechseln kannst.

Andererseits ist es schade, dass du uns verlassen musst.

Es war schön, dich in der Klasse gehabt zu haben. Auch wenn du von nun an nicht mehr in die Pluto-Klasse gehen wirst, so wird doch ein Teil von dir hier bleiben und uns an dich erinnern:

deine freundliche und liebenswerte Art,
dein gutes Einfühlungsvermögen in andere Menschen
deine Lebendigkeit
deine große Hilfsbereitschaft,
deine unermüdliche Mitarbeit
dein großes Herz
deine reifen, tief gehenden Gedanken
deine Ehrlichkeit,
deine Freude beim Lernen.
und vieles, vieles mehr
Mit all dem hast du die Klassengemeinschaft bereichert.

Alles, was wir Gutes durch dich erfahren haben, das bewahren wir als Erinnerung an dich in unseren Herzen auf.

Und alles, was du Gutes von uns erfahren hast, darfst du mitnehmen wie ein Geschenk und es als Erinnerung in deinem Herzen behalten.

Wir wünschen dir nun schöne Ferien und danach einen guten Start in deiner neuen Klasse.

Wenn du mal Sehnsucht nach uns hast, bist du herzlich bei uns willkommen.

Alles Gute wünschen dir deine Lehrer

Abb. 12: Beispieltext einer Abschiedskarte – das Klassenfoto befindet sich auf der Vorderseite

Die Kinder sind während des Rituals immer sehr still. Es scheint, als spürten sie die Feierlichkeit und Bedeutung dieses Augenblicks.

Manche Kinder haben das Bedürfnis, einem oder mehreren »Abgängern« noch ein kleines, persönliches Abschiedsgeschenk mit auf den Weg zu geben. Dazu liegen in den letzten Schultagen Säckchen für jedes abgehende Kind bereit.

Es kommen Steine, Muscheln, Zeichnungen, Freundschaftsbändchen und andere Kleinigkeit zum Vorschein. Alle schauen gespannt auf die freudigen Gesichter der Beschenkten. Es ist herzerwärmend, wie diese sich dann bei den Schenkenden bedanken.

Im Anschluss an das Ritual, das den Mittelpunkt dieses letzten gemeinsamen Tages bildet, beenden wir das Schuljahr mit einem Eis in der Eisdiele.

4 Wir gehören zusammen – Gemeinschaftsgefühl stärken

»Die Entwicklung des Kindes geschieht in Bindungen und in Beziehungen und damit in Systemen. Ein Kind kann nicht ohne Beziehungen, ohne Zugehörigkeit zu einem System aufwachsen. Sein Vater und seine Mutter sind das erste System, zu dem es gehört und von dem es immer ein Teil bleibt, sein ganzes Leben lang« (Innecken 2007, S. 18).

Im Laufe seines Lebens tritt das Kind in weitere soziale Systeme ein: Krippe, Kindergarten, Schule, Freundeskreis, Verein ... Diese sind aber, im Gegensatz zum engsten Familiensystem, einem Wechsel unterworfen.

Auch die Schulklasse stellt ein wichtiges soziales System dar, ein sehr wichtiges sogar. Schließlich verbringt das Kind mit seinen Mitschülern viele Stunden des Tages über viele Jahre hinweg. Diese haben oft großen Einfluss auf seine soziale und emotionale Entwicklung, denn das Kind ist eingebunden in ein vielfältiges und wechselseitiges Beziehungsgeflecht. Für eine positive Entwicklung und als förderliche Lernvoraussetzung braucht es sichere Bindungen und das Gefühl der Zugehörigkeit.

Kinder tun viel aus dem Wunsch heraus, einen festen Platz in der Gruppe zu finden, auch wenn nicht jedes Verhalten auf den ersten Blick so scheint:

- Sie reden, statt aufzupassen – und festigen vielleicht auf diese Weise ihre Freundschaften.
- Sie spielen den Klassenclown oder schlagen um sich, weil sie hoffen, auf diese Weise Anerkennung zu bekommen.
- Sie träumen, statt ihre Aufgaben zu machen, weil sie vielleicht überlegen, wer in der Pause mit ihnen spielt oder ob der neu gewonnene Freund von gestern sich nicht heute schon jemand anderem zugewendet hat.

Braucht das Kind nicht mehr um seine Zugehörigkeit fürchten, hat es eher die Möglichkeit, seine Energien und Gedanken auf das schulische Lernen zu richten. Die Stärkung der Klassengemeinschaft ist also neben der Wissensvermittlung die Hauptaufgabe eines Lehrers. Jede

Minute, die dafür verwendet wird, ist gut investierte Zeit, auch wenn manche Eltern und Kollegen anderer Meinung sind.

Vieles, auch Ungesagtes und Ungetanes, trägt dazu bei, ein Gemeinschaftsgefühl aufzubauen und zu festigen. Vor allem die Haltung des Lehrers. Sein achtungsvoller Umgang, seine Wertschätzung und sein Respekt wirken sich nicht nur auf jedes einzelne Kind positiv aus. Als Vorbild beeinflusst sein Verhalten wiederum die Umgangsweise der Kinder untereinander und hat somit positive Auswirkungen auf die ganze Klasse.

Es gibt viele Möglichkeiten zur Bildung einer förderlichen Klassengemeinschaft. Hier einige Beispiele:

Ärger- und Freuderunden

Einmal in der Woche halten wir in der Klasse eine Ärger- und eine Freuderunde ab. Die Ärgerrunden finden jeweils am Donnerstag vor Unterrichtsschluss statt, die Freuderunden jeweils am Freitag vor Unterrichtsschluss, damit die Kinder positiv gestimmt ins Wochenende gehen können. Beide Runden dauern jeweils ca. 10–15 Minuten und haben folgende Regeln:

- *Regel 1:* Alles, was – speziell in der Ärgerrunde – gesagt wird, unterliegt der Schweigepflicht. Natürlich darf man mit seinen Eltern zu Hause darüber sprechen, aber ansonsten wird nichts aus der Ärgerrunde weitergegeben.
- *Regel 2:* Das Kind, an das sich der Ärger oder die Freude richtet, wird mit Namen angesprochen.
- *Regel 3:* Die Gesprächspartner schauen sich an.
- *Regel 4:* Keine Beschimpfungen! Keine Beleidigungen!
- *Regel 5:* Ichbotschaften senden: »Es hat mich verletzt, als du ...« oder »Es hat mir wehgetan, als du ...« oder »Es ärgert mich, wenn du ...«.
- *Regel 6:* Das so angesprochene Kind nimmt nicht Stellung, verteidigt oder rechtfertigt sich nicht. Es kann lediglich sagen, dass es ihm leidtue oder es sich verbessern will.

So wird verhindert, dass sich eine Diskussion entwickelt, in der die wortgewandten und dominanten Kinder die Oberhand behalten. Die Erfahrung zeigt, dass so auch schüchterne und stille Kinder den Mut finden, ihren Kummer zu äußern.

Sollte sich ein Kind ungerecht behandelt fühlen und seiner Meinung nach falsch verstanden worden sein, darf es ausnahmsweise einen erklärenden Satz abgeben.

Die Ärgerrunde ist nicht dazu da, tief gehende Konflikte zu klären, sondern sie ist eine Möglichkeit, die kleinen Alltagsärgernisse der vergangenen Schulwoche loszuwerden. Das Wissen um diese Möglichkeit entlastet die Kinder und verhindert die eine oder andere Eskalation. Zudem hat sich gezeigt, dass von den Kindern formulierter Ärger bei dem betreffenden Kind oft schneller und nachhaltiger zu einer Verhaltensänderung führt als Ermahnungen und Maßnahmen vonseiten des Lehrers. Auch das »Sich-gedulden-Müssen« erweist sich als hilfreich. Meistens ist bis zur Ärgerrunde die Wut schon verraucht, und der Ärger kann ohne die unmittelbare emotionale Betroffenheit geäußert werden. Wenn die Kinder mir spontan einen Konflikt schildern, wird manchmal geschimpft und beleidigt. Wenden sie sich dann aber in der Ärgerrunde direkt an das betreffende Kind, ändern sich die Stimmung, der Tonfall und die Wortwahl. Die Meisten formulieren ihren Ärger angemessen – ohne Beleidigung, Vorwurf oder Zurechtweisung. Nicht selten ist ihr Ärger bis dahin sogar unwichtig geworden, und die betreffenden Kinder haben schon wieder zueinandergefunden.

Die Ärger- und Freuderunden sind ein fester Bestandteil jeder Woche und für uns alle sehr wichtig. Die Kinder bestehen auf diese Runden. Seitdem wir sie regelmäßig durchführen, haben sich die Konflikte deutlich verringert und das Klassenklima ist spürbar entspannter und freundlicher.

Sowohl Ärger- als auch Freuderunden haben zudem noch den Vorteil, dass ich als Lehrer über das Verhalten der Kinder in der Pause, in der Garderobe oder in anderen Situationen zusätzliche Einzelheiten erfahre, wodurch sich mein Bild von ihnen rundet.

Die Rolle des Lehrers:

Der Lehrer kann sich überlegen, ob er sich an diesen Gesprächsrunden beteiligt oder nicht. Ich tue es und bekomme so auch Rückmeldung über mein eigenes Verhalten – im Negativen wie im Positiven. Für mich ist es hilfreich zu erfahren, wenn sich z. B. ein Kind von mir ungerecht behandelt fühlt. Und es tut auch gut zu hören, worüber sich die Kinder gefreut haben.

In erster Linie aber sprechen die Kinder miteinander. Sie rufen sich gegenseitig auf und signalisieren, indem sie dem nächsten Kind das Wort erteilen, dass für sie ihr Beitrag beendet ist. Der Lehrer hält sich so weit als möglich zurück, was oft schwerfällt – denn er ist es gewohnt, maßregelnd oder erklärend einzugreifen. Die Erfahrung lehrt, dass für die Kinder manches, was unserer Meinung nach unbedingt noch der Ergänzung bedürfte, schon erledigt ist. Vor allem Ärgerrunden sind ein gutes Training für Selbstdisziplin und für das Vertrauen in die Fähigkeiten der Kinder.

Nur manchmal beteilige ich mich, wenn ich merke, dass ein Kind mit einem Ärger nichts anzufangen weiß. Dann frage ich nach: »Weißt du, worum es bei dem Ärger geht?« Bei einem »Nein« bitte ich das jeweilige Kind, seinen Ärger nochmals zu erklären, vielleicht mit einem Beispiel. Ist sich das Kind, trotz nochmaliger Erklärung, seines unangemessenen Verhaltens immer noch nicht bewusst, schlage ich dem Sprecher vor, das Kind das nächste Mal gleich auf sein Verhalten anzusprechen und es darauf hinzuweisen, dass genau dieses Verhalten gemeint war.

Manchmal frage ich bei einem Ärger auch noch nach: »Was wünscht du dir beim nächsten Mal von dem Kind?«, worauf sich der Sprecher mit seinem Wunsch an das betreffende Kind richtet.

Meist sind es ganz alltägliche Vorkommnisse, die die Kinder ansprechen:

Beispiele:

- »Fabian, es hat mir wehgetan, als du mich gestern auf der Treppe geschupst hast. Ich konnte in der Pause gar nicht mit Fangen spielen.«
- »Christine, ich bin traurig und es ärgert mich, dass du das weitererzählt hast, was ich dir anvertraut habe. Du hattest versprochen, es für dich zu behalten.«
- »Florian, es ärgert mich, dass du in der Freiarbeit oft laut bist. Ich kann mich dann einfach nicht auf meine Sache konzentrieren.«

Es gibt auch Äußerungen, für die ich als Lehrerin besonders dankbar bin. Sie eröffnen mir die Möglichkeit, pädagogisch zu wirken und Handlungsalternativen aufzuzeigen, die vielleicht nicht nur diesem Kind nützen.

Ein solcher Augenblick war, als Olga sagte:

»Vanessa, oft, wenn du etwas sagst, z. B. einen Ärger, machst du dabei so ein böses Gesicht. Dann hat man das Gefühl, man hat etwas ganz, ganz Schlimmes angestellt und du bist total sauer. Man glaubt dann, dass man es nie mehr gut machen kann.« Jalina, ihre Nachbarin, nickt zustimmend.

Vanessa, betroffen und nachdenklich: »Das ist mir nicht bewusst.«

Ich bin völlig überrascht über diese Äußerung. Zum einen über die Wortwahl, zum anderen über die Reaktion, denn normalerweise ist Vanessa ein Kind, das schnell dazu neigt, sich zu verteidigen oder sein Verhalten abzustreiten.

Ich unterbreche die Runde und frage Vanessa:

»Vanessa, du hast gesagt, dass es dir nicht bewusst ist, wenn du ein böses Gesicht machst. Möchtest du einen Hinweis von Olga, wenn sie das wieder bei dir beobachtet?«

Vanessa – zu meinem erneuten Erstaunen: »Ja.«

Ich betone, wie mutig diese Zustimmung sei.

Dann setzen wir die Ärgerrunde fort. Nach einer Weile ist auch Vanessa an der Reihe. Nachdem sie ihren Ärger ausgesprochen hat, meldet sich Olga und meint, jetzt sei es gerade wieder so gewesen. Vanessa würde ihre Augenbrauen nach innen runzeln und ihre Stimme würde viel tiefer werden. Das wirke dann so böse. Ich frage Vanessa, ob sie den gleichen Ärger nochmals sagen möchte mit einem freundlicheren Gesicht. Auch hierzu ist Vanessa bereit. Sie wiederholt ihren Ärger völlig anders.

»Möchtest du eine Rückmeldung?«

»Ja.«

Olga: »Es war viel besser. Gar nicht mehr böse.«

Später im Jahr wird einem Zweitklässler in unserer Ärgerrunde die gleiche Rückmeldung über sein »böses« Gesicht gegeben wie Vanessa einst. Daraufhin meldet diese sich sofort und sagt zu dem Jungen: »Vielleicht merkst du das ja gar nicht. Ich hab das auch nicht gemerkt. Möchtest du auch, dass wir dir sagen, wenn du wieder ein böses Gesicht machst?« – Stummes Nicken.

Es ist unglaublich. Ich bin verblüfft, sprachlos und gerührt. Wie viel Nerven hat mich dieses Kind schon gekostet – und nun so etwas! Es zeigt mir wieder einmal, dass sich alle Zeit, Energie und Geduld lohnen, die wir Lehrer für schwierige Kinder immer wieder aufbringen.

Dass die Rückmeldungen der Klassenkameraden über das störende Verhalten eines Kindes oft wirksamer sind als der Einfluss des Lehrers zeigt folgendes Beispiel:

> Max ist Erstklässler und bisher völlig unauffällig. Nach sieben Wochen Schule berichtet mir die Englischlehrerin, dass Max angefangen habe, in ihrer Stunde zu stören. Er verweigere die Teilnahme, mache Blödsinn und störe durch Zwischenrufe und Albereien. Daraufhin spreche ich mit Max unter vier Augen. Er beklagt sich über Langeweile und dass er schon alles wisse. Auf meine Frage, ob er das der Lehrerin durch seine Mitarbeit auch gezeigt habe, schmollt er. Meine Ermutigung, mit seinem Wissen eine wertvolle Unterstützung für die anderen Kinder zu sein, bleibt ohne Reaktion. Auch die Erklärung, dass es bei so vielen Kindern in der Klasse manchmal nötig sei, ein bisschen Geduld für diejenigen aufzubringen, die noch kein Englisch könnten, bewirkt keine Einsicht. Das Gespräch endet ohne Einvernehmen.
>
> In der Ärgerrunde bringt ein Mitschüler den Vorfall aus der Englischstunde zur Sprache. Erstaunlicherweise reagiert Max darauf mit: »Ich verbessere mich.«
>
> Zwei Tage später schickt die Religionslehrerin Max in meinen Unterricht zurück, weil er nur störe. Ich nehme ihn beiseite und erinnere ihn an sein Versprechen, sich zu verbessern. »Das habe ich nur für Englisch versprochen«, meint Max patzig. Ich lasse es dabei bewenden in der Hoffnung, auch dieser Vorfall würde in der Ärgerrunde aufgegriffen werden. Tatsächlich ist dem auch so und Max verspricht wieder Besserung. Und siehe da, die nächsten Englisch- und Religionsstunden verlaufen deutlich besser. Und wenn Max doch wieder einmal stört, genügt der Hinweis seiner Mitschüler auf die Einhaltung seines Versprechens.

Oft höre ich auch von Eltern, dass ihre Kinder sich zu Hause auch Freude- und Ärgerrunden wünschen und diese in einigen Familien schon fester Bestandteil geworden sind.

Vielleicht haben Sie als Lehrer trotz aller geschilderten Vorteile noch Einwände wie: »30 Minuten pro Woche! Zeitlich schaffe ich jetzt schon kaum, was der Lehrplan vorschreibt!« Machen Sie sich dann klar, wie viele Lehrplanthemen die Kinder bei diesen Runden erarbeiten. Und wie viel mehr sie noch für ihr Leben lernen.

So lernen sie z. B.:

- sich ihrer Gefühle klar zu werden und sie zu äußern,
- sich situationsbezogen mitzuteilen,
- Kontakt herzustellen,
- auf den anderen Bezug zu nehmen,
- Kritik anzunehmen und diese angemessen auszudrücken,
- genau zu beobachten,
- die Mimik und Körpersprache bei sich und anderen wahrzunehmen und zu deuten,
- seinen Ärger achtungsvoll zu formulieren,
- Ichbotschaften zu senden,
- die eigene Sprache zu reflektieren und gegebenenfalls zu verändern,
- und, und, und.

Darüber hinaus erfahren sie:

- welches Verhalten wie auf andere wirkt,
- was andere ärgert und was sie freut,
- dass Fehler zum Leben gehören und man sie auch wieder gutmachen kann,
- dass sich Kommunikation lohnt, denn dadurch ist Veränderung möglich,
- und, und, und.

Sind das nicht genug Gründe, die diese 20–30 Minuten in der Woche rechtfertigen?

Schullandheimaufenthalte

Schullandheimaufenthalte sind bei Kindern sehr beliebt, bei Lehrern oft ein notwendiges Übel. Ich persönlich freue mich jedes Jahr aufs Neue auf diese vier Tage. Ich schätze diese Aufenthalte sehr, denn sie stärken den Zusammenhalt der Klasse auf andere und intensivere Art, als der normale Schulalltag es vermag. Insbesondere bei einem Aufenthalt mit Selbstversorgung kommt es auf die Mithilfe jedes Einzelnen an. Jeder hat das Gefühl, gebraucht zu werden und seinen Beitrag zu einem gelungenen Aufenthalt leisten zu können. Es sind keine konstruierten, künstlichen Anlässe, wie man sie von manchem Rollenspiel kennt, sondern Situationen, die dem Alltag entwachsen und die bewältigt werden müssen. Manch »schwaches« Kind glänzt vielleicht mit seinem Einsatz in Bereichen, die im schulischen Alltag nicht zum Tragen kommen (abspülen, abtrocknen, Betten beziehen ...), und erfährt Anerkennung, Bestätigung und Wertschätzung für seinen Beitrag zum Wohle der Gemeinschaft.

Zu den praktischen Aufgaben kommt die nötige Rücksichtnahme auf die anderen Mitschüler, besonders auf die jüngeren. Das schult die Achtung vor den Bedürfnissen des anderen und den Respekt voreinander. Bei Schwierigkeiten erlebe ich oft, wie sich einer für den anderen einsetzt oder Hilfe leistet. Auch das ist eine Gelegenheit, als Gemeinschaft zusammenzuwachsen.

Dem Lehrer eröffnet es zudem die Möglichkeit, die Schulkinder einmal anders wahrzunehmen als in der gewohnten »Schulumgebung«. Man erlebt dabei viele Überraschungen und sieht danach manches Kind mit anderen Augen.

Wir Lehrer wünschen den Kindern und uns natürlich auch einen möglichst stressfreien Aufenthalt. Deshalb ist die Vorbereitung darauf sehr wichtig, und ich plane dafür genügend Zeit ein. Schon die Ankündigung des Schullandheimaufenthalts löst große Begeisterung aus. Alle freuen sich, und auch die Erstklässler und die »Heimwehkandidaten« lassen sich von der Vorfreude der anderen anstecken.

Um die Kinder nicht zu überfordern, verteile ich die Besprechung der mir wichtigen Themen auf mehrere Tage. So steht ca. eine Woche lang täglich das Thema Schullandheim auf unserem Tagesplan.

Die wichtigsten Themen in Kurzfassung:

Die Umgebung kennenlernen

Manche Kinder verlieren einen Teil ihrer Bedenken, wenn sie sich ein Bild von der Umgebung und dem Haus, in dem wir übernachten werden, machen können. Sie wissen dann, was sie, zumindest räumlich, erwartet und haben das Gefühl einer gewissen Vertrautheit. In der Einladung an die Eltern für den Elternabend füge ich deshalb eine Wegbeschreibung zu unserem Aufenthaltsort bei mit folgendem kurzen Text:

Ein Tipp noch für Eltern:

Wenn Sie merken, dass Ihrem Kind das Thema Schullandheim Bedenken oder Sorgen bereitet, machen Sie doch einfach einen kleinen Ausflug dorthin und schauen Sie sich mit Ihrem Kind die Umgebung und die Unterkunft an. Dann weiß Ihr Kind, wie es dort aussieht, und kann sich eine bessere Vorstellung davon machen, was es dort erwartet. Dieses Vorgehen hat schon einigen Kindern geholfen.

65

Ganz oft höre ich, dass Eltern diesen Tipp dankbar angenommen und einen Wochenendausflug dorthin unternommen haben. Viele Kinder erzählen dann auch im Unterricht davon und beschreiben, wie es dort aussieht und was es dort alles gibt.

Anfahrtsweg

Um auch bei der Anfahrt ein Gefühl der Sicherheit zu vermitteln, bespreche ich mit den Kindern den genauen Anfahrtsweg. Dazu besorge ich eine große Landkarte. Jeder findet heraus, wo er wohnt (die Kinder wohnen verstreut über den ganzen Landkreis). Dann suchen wir unsere Schule und schließlich das Schullandheim. Da wir mit dem Zug anreisen, überlegen wir, welche Strecke wir nehmen. So lernen die Kinder, wie man auf einer Karte Bundesstraßen, Dörfer und Eisenbahngleise erkennt und Kartenzeichen richtig liest. Ich erkläre Umsteigebahnhöfe, wir lesen Zugfahrpläne und die Kinder berechnen die Wartezeiten beim Umsteigen. So bekommen auch Lehrplaninhalte einen sinnvollen Bezug zum täglichen Leben und unsere Unternehmung wird immer konkreter.

Umgang mit schwierigen Situationen

Manchmal kommen die Kinder im Schullandheim in für sie schwierige Situationen. Wenn sie schon im Vorfeld überlegen, wie sie damit umgehen können, meistern sie die tatsächliche Situation oft besser. Ich habe mir eine »Was tust du, wenn ...?-Liste« zusammengeschrieben, die wir in der Schule gemeinsam durchsprechen.

Diese enthält folgende Punkte:

Was tust du wenn ...

   ... dir im Schullandheim das Essen nicht schmeckt?
   ... du nachts aufs Klo musst?
   ... du aus Versehen ins Bett gemacht hast?
   ... du etwas verschüttet hast oder etwas zu Bruch gegangen ist?
   ... dir ein anderes Kind sagt, dass du etwas tun sollst, von dem du
       weißt, dass es nicht erlaubt ist?
   ... du nachts aufwachst und einen Albtraum hattest?

Regeln

Die wichtigsten Regeln besprechen wir vorab, denn erfahrungsgemäß werden vor Ort noch genügend weitere Absprachen erforderlich. Ich begründe jede Regel, damit deren Einhaltung leichter gelingt.

- Einstündige Mittagsruhe

Sie ist bei den meisten Kindern nicht sehr beliebt, aber ich erkläre, dass wir Lehrer die Auszeit brauchen, um diese Zeit gut durchhalten zu können und bei Laune zu bleiben. Die Kinder erfahren damit, dass auch wir Lehrer Bedürfnisse haben, die es zu respektieren gilt.

Früher habe ich versucht, den Kindern die Mittagsruhe als wichtige Erholungspause für sie nahezubringen, aber es war immer anstrengend, sie durchzusetzen. Seit ich ihnen den wahren Grund erkläre, ist die Bereitschaft höher, diese Regel einzuhalten.

- Nachtruhe bis 7:00 Uhr früh

Hier ist Rücksichtnahme vor allem wegen der jüngeren Kinder gefordert. Für sie ist die ganze Unternehmung sehr anstrengend: das späte Zubettgehen, die vielen Eindrücke. Alles verursacht Anspannung. Sie brauchen ihren Schlaf. Die älteren Kinder verstehen das, und viele bemühen sich um Rücksicht.

Dienste

Da wir gerne in eine Selbstversorgerhütte fahren, ist die Mithilfe der Kinder unerlässlich. Jeder hat seinen Beitrag zu leisten und muss zugunsten der Gemeinschaft auch einmal auf einen (Spiel-)Wunsch verzichten. Viele Kinder helfen ausgesprochen gerne. Manche Eltern wären sicher erstaunt über den Eifer, den ihre Kinder hier an den Tag legen.

Sorgen und Bedenken

Trotz aller Gespräche, der Vorbereitungen und der Vorfreude haben manche Kinder – vor allem die jüngeren – ihre Sorgen und Nöte mit dem bevorstehenden Aufenthalt. Je näher der Tag der Abreise rückt, desto mehr Bedenken kommen auf:

- Werde ich Heimweh haben?
- Werde ich ohne Mama oder Papa einschlafen können?
- Was ist, wenn ich in der Nacht aufwache und Mama ist nicht da?
- Wer tröstet mich, wenn ich Albträume habe?

Solche oder ähnliche Fragen beschäftigen die Kinder.

Diese Bedenken werden in der Klasse sehr ernst genommen. Auch die erfahrenen Schullandheimkinder waren einmal Neulinge. Viele können sich noch genau an die eigenen Ängste erinnern und haben aus der eigenen Erfahrung nun gute und hilfreiche Tipps parat:

- »Nimm irgendetwas von deiner Mama mit. Ein Tuch oder ein T-Shirt – etwas, das nach ihr riecht. Wenn du dann in der Nacht nicht schlafen kannst, dann riechst du daran und dann denkst du, sie ist da.«
- »Wenn du in der Nacht Angst hast, dann kriechst du einfach zu deinem Paten oder zu deiner Freundin ins Bett.«
- »Wenn du dein Kuscheltier neben dich legst, dann kannst du besser einschlafen.«
- »Wenn du nicht einschlafen kannst, dann denkst du dir eine schöne Geschichte aus oder du erinnerst dich an ein Erlebnis, das besonders schön war.«
- »Wenn du Heimweh hast, lässt du dir Kügelchen gegen Heimweh geben. Ich hatte auch ganz schlimm Heimweh, und mir haben sie ganz gut geholfen.«

Zur Erklärung: Ich nenne sie Heimwehglobuli. Es sind Placeboglobuli nur aus Traubenzucker bestehend, erhältlich in der Apotheke. Darüber informiere ich die Eltern am Elternabend mit der Bitte, mein »Geheimnis« zu wahren.

Als Ergänzung zum Thema »Heimweh« biete ich für die Kinder noch eine Übung an, die es ihnen ermöglicht, ihre eigenen Kraftquellen zu entdecken und darauf zurückgreifen zu können, wenn das Heimwehgefühl zu stark wird. Ausführlich ist diese Übung geschildert im Kapitel »Ich kann, ich bin ... Kraftbilder zeichnen fürs Schullandheim.«

Immer wieder gibt es auch noch andere Klippen zu überwinden, um Kindern die Fahrt ins Schullandheim zu ermöglichen, z. B., wenn sie noch einnässen oder einkoten. Eine mögliche Herangehensweise an dieses schambesetzte Thema ist beschrieben im Kapitel »Herausforderungen im Schulalltag – Bettnässen und Einkoten«.

Manche Lehrer scheuen sich, dieses Problem zu besprechen. Ich kann nur dazu ermutigen, diesen Schritt zu wagen, denn es bietet dem Kind die Chance, daran zu wachsen. Manchmal ist es sogar möglich, die Klasse in das Gespräch einzubeziehen. So bekommt das betroffene Kind das Gefühl, nicht allein mit seinem Problem zu sein und mit dem Verständnis und der Unterstützung der anderen rechnen zu können. Es ist beeindruckend, wie ernsthaft und achtungsvoll sich die Klasse mit diesem schwierigen Thema auseinandersetzt und es bestätigt, dass der eigene Mut den Wachstumsprozess des Kindes voranbringt.

Geburtstage feiern

Der eigene Geburtstag ist jedes Jahr ein wichtiges Ereignis für die Kinder. Auch in der Klasse wird dieser Tag besonders gefeiert. Für das Geburtstagskind ist es schön, ungeteilt im Mittelpunkt zu stehen, und die Mitschüler genießen es, an dessen Freude Anteil zu haben. Die Vorbereitungen dazu beginnen schon weit vor dem eigentlichen Geburtstag.

Jedes Kind stellt für unser Geburtstagsritual sein eigenes Lebensbuch her. Für dieses Büchlein braucht es ein bis zwei Bilder pro Lebensjahr, die es mit den Eltern auswählt. Gemeinsam wird mit Mama oder Papa ein kleiner Text formuliert, der auf ein Beiblatt geschrieben wird. Bei dieser Beschäftigung entstehen immer wieder Gespräche über frühere Ereignisse, über besondere Erlebnisse und Erinnerungen und Eltern und Kind erfahren auf diese Weise ein stärkendes Miteinander.

Mit diesen Bildern und den Texten gestaltet das Kind in der Freiarbeit sein Lebensbüchlein: ein Bild auf eine Seite kleben und den zu Hause entworfenen Text darunter schreiben, für jedes Lebensjahr eine Seite. Abschließend wird ein Deckblatt gezeichnet, und die Seiten werden zusammengebunden. Das Buch wird jedes Jahr selbstständig von den Kindern um eine Seite erweitert.

Am Tag ihres Geburtstags liegt der Jahreskreis (nach Maria Montessori) aus. In der Mitte die vier Jahreszeiten mit der Sonne und dem Erdglobus. Außen herum die zwölf Monate. Und darum herum die 365 Tage. Jeder Tag dargestellt durch eine bunte Perle. Der Geburtstagstag des Kindes ist noch mit einer Klammer symbolisiert.

Abb. 13: Unser Geburtstagskreis

Wenn das Kind an seinem Geburtstag in die Schule kommt, haben Klassenkameraden den Geburtstagskreis bereits aufgebaut. Das Geburtstagskind sitzt auf einem besonderen Stuhl, und bei seinem Geburtstagsmonat steht eine Schale mit Teelichtern, die Anzahl seinem Alter entsprechend. In der Mitte das Lebenslicht. Alle anderen Kinder sitzen im Kreis, jeweils bei dem Monat, in dem sie Geburtstag haben. Alle werden still und das Ritual kann beginnen:

Als Erstes singen wir ein Geburtstagslied. Anschließend bittet das Kind einen Freund oder eine Freundin, sein Lebensbuch vorzulesen. Es zündet sein Lebenslicht an. Dazu wird die erste Seite des Büchleins vorgelesen, das vom Tag der Geburt berichtet. Danach folgen alle Lebensjahre, und für jedes Lebensjahr entzündet das Geburtstagskind ein Teelicht am Lebenslicht. Während der Leser den Text zum jeweiligen Jahr vorliest, geht das Geburtstagskind um die zwölf Monate herum und durchschreitet so sinnbildlich ein Lebensjahr. Der Leser zeigt das Bild für alle sichtbar und weiter geht es mit Text und Bild zum nächsten Jahr. Das Geburtstagskind kann den vorgelesenen Text jederzeit durch eigene Erzählungen ergänzen und die Mitschüler können Fragen dazu stellen. So erfahren alle im Laufe eines Schuljahres von allen ein Stück Lebensgeschichte, auch von der des Lehrers. Wenn das Geburtstagskind alle Lebensjahre durchschritten hat, bläst es seine Kerzen aus. Danach gibt es eine Gratulationsrunde, bei der jeder aufsteht, zum Geburtstagskind geht und ihm gratuliert. Im Anschluss daran gibt es die Pelzchenrunde.[1]

Das bedeutet, dass die Kinder, die dem Geburtstagskind etwas Nettes sagen wollen, sich melden und dann aufgerufen werden.

- »Du bist ein guter Freund.«
- »Mit dir kann man gut in der Pause spielen.«
- »Du bist hilfsbereit.«
- »Es ist schön, dass du so oft lachst.«

Ist die Pelzchenrunde beendet, bittet das Kind seine Freunde, den Geburtstagskreis aufzuräumen. Oft haben Eltern einen Kuchen oder eine kleine Süßigkeit mitgegeben, die das Geburtstagskind im Anschluss an die Feier verteilt.

Gemeinsam spielen

Spiele fördern das soziale Lernen. Ich wähle gerne Spiele aus, die die ganze Klasse einbeziehen, bei denen es keinen Verlierer oder Gewinner gibt und die gegebenenfalls eine Reflexion über das Geschehene möglich machen. Die Kinder lernen dabei sich selbst und ihre Mitschüler besser kennen. Sie lernen, Kontakt aufzunehmen, zu beobachten und genau wahrzunehmen. Sie entwickeln Teamgeist und gewinnen Vertrauen in sich und die Gruppe. Sie üben gegenseitige Akzeptanz und Rücksichtnahme. Sie schulen ihr Einfühlungsvermögen und ihre Kreativität. Sie lachen und haben Spaß zusammen, genießen Situationen, die im normalen Schulalltag viel zu selten, ja oft sogar unerwünscht sind, weil sie das »ernsthafte« Lernen »stören«.

Dabei sind die beim Spielen gewonnenen Fähigkeiten von unschätzbarem Wert. Sie helfen den Kindern nicht nur in der Schule, sondern auch überall außerhalb des Klassenzimmers. Und wer noch weiter blicken will: Auch im späteren Arbeitsleben sind sie von gro-

---

1 Die Pelzchenrunde bezieht sich auf die Geschichte »Die kleinen Leute von Swabedoo«. Sie handelt von kleinen Leuten, die glücklich in ihrem Dorf Swabedoo leben. Immer, wenn sie sich treffen, schenken sie einander kleine flauschige Pelzchen. Damit wollen sie dem anderen sagen: »Ich mag dich! Ich finde dich nett!« Eines Tages kommt ein Kobold in das Dorf. Er pflanzt Misstrauen und Neid in die Herzen der Bewohner. Der Frieden und das Glück der kleinen Leute kommen ins Wanken.

ßer Bedeutung. Für den heutigen Arbeitgeber spielen die sozialen Kompetenzen seiner Bewerber eine immer größere Rolle bei der Einstellung.

Zudem machen Spiele Freude, bringen Abwechslung in den Schulalltag, stärken das Zusammengehörigkeitsgefühl der Gruppe und verbessern das Lernklima.

Dem Lehrer geben Spiele Einblicke ins Gruppengeschehen und in das Verhalten jedes Einzelnen. Ihm bieten sich wertvolle Beobachtungsmöglichkeiten – und das auf vielen Ebenen: Wie ist das Klima in der Gruppe? Besteht Vertrauen untereinander und gegenseitige Akzeptanz? Sind Gehässigkeiten oder Rivalitäten zu spüren? Wer verhält sich wie? Wer führt in der Gruppe? Wer führt offen und wer still im Hintergrund? Wie werden Absprachen getroffen? Wer setzt sich durch? Wer gibt nach und wer klinkt sich aus?

Ball zuwerfen

»Ball zuwerfen« spielen die Kinder immer wieder gerne. Es eignet sich gut, wenn Kinder neu in die Klasse eintreten, z. B. am Schulanfang oder wenn Gruppen aus verschiedenen Klassen zum gemeinsamen Unterricht zusammenkommen. Dieses Spiel fördert das Kennenlernen, das Einfühlungsvermögen und die Gruppenentwicklung.

Beschreibung:

Alle Kinder stehen im Kreis, und ein Ball wird von Kind zu Kind geworfen. Schon der Anfang erfordert Rücksichtnahme und nimmt den anderen in den Blick. Es gilt nämlich die Regel: »Wirf so, dass der andere gut fangen kann.«

Ansonsten unterliegt das Spiel unterschiedlichen Regeln, die man vorher festlegt. Durch die mannigfaltigen Variationsmöglichkeiten bleibt es für die Kinder immer reizvoll.

Variante 1:

Der Ball wird mit folgendem Satzmuster weitergegeben: »Ich heiße ... und werfe zu ...«

Beispiel: »Ich heiße Franziska und werfe zu Theo.« – »Ich heiße Theo und werfe zur Luisa.«

Dabei lernen die Kinder die Namen der Mitschüler. Je nach Anliegen kann man zusätzliche Regeln festlegen.

Beispiele:

»Ein Junge wirft immer zu einem Mädchen und ein Mädchen immer zu einem Jungen«, wenn es gilt, Fronten zwischen Mädchen und Jungen abzubauen.

»Wirf immer zu einem Kind aus einer fremden Klasse«, wenn die Gruppe aus Kindern aus verschiedenen Klassen zusammengesetzt ist.

»Wirf zu jemandem, den du nicht gut kennst«, wenn es um soziale Kontakte geht.

Der Fantasie sind keine Grenzen gesetzt.

Variante 2:

Man lässt den eigenen Namen weg und ruft nur den Empfänger auf.

Beispiel:

Luis hat den Ball und sagt nur »Veronika«.

Veronika: »Martin« usw.

Diese Variante beschleunigt das Spiel, sodass in kürzerer Zeit mehrere Kinder drankommen.

Variante 3:

Es wird gespielt ohne Namensnennung, nur mit Blickkontakt. Viele Kinder mit Kontaktschwierigkeiten können anderen nicht in die Augen schauen. Für diese unsicheren Kinder ist diese Variante eine Herausforderung und gute Übung.

Variante 4:

Wie Variante 3, nun mit zwei Bällen gleichzeitig.

In den Varianten 1–4 steckt eine leichte Steigerung im Schwierigkeitsgrad.

Die folgenden möglichen Formulierungen richten sich nach den pädagogischen Zielen des Lehrers. Dafür gibt er verschiedene Satzmuster vor.

Beispiele:

»Mein Freund/meine Freundin findet gut an mir, dass ...« (z. B.: ... ich hilfsbereit bin, sie mir etwas anvertrauen kann und ich es nicht weitersage ...)

- »Meine Mama mag an mir, dass ...«

- »Mein Papa ist stolz auf mich, wenn ...«

- »Meine Lehrerin findet, ich bin ...«

Die Wurfformeln lassen sich ausweiten auf Oma, Opa, Bruder, Schwester ...

Die Kinder sprechen nicht über sich selbst, sondern schlüpfen in die Rolle des Freundes, der Mama oder einer anderen Person und lassen diese über sich sprechen. So bekommen die Kinder Distanz zu sich selbst und sehen sich aus einem anderen Blickwinkel – ein Schritt in Richtung Bewusstwerdung. Zudem vermeidet man Peinlichkeiten, die Kinder oftmals empfinden, wenn sie sich selbst loben.

Gordischer Knoten

Bei diesem Spiel geht es um die Bewegung, das Miteinander und den Spaß am Tüfteln.

Beschreibung:

> Alle Mitspieler stehen in einem engen Kreis, mit Blickrichtung in den Kreis. Sie strecken zuerst ihre linke Hand nach vorne und greifen damit jeweils eine andere linke Hand. Dann strecken alle die rechte Hand nach vorne und ergreifen damit wieder jeweils eine andere rechte Hand. Es sollte darauf geachtet werden, dass man nicht die Hand des direkten Nachbarn und auch nicht beide Hände ein und derselben Person fasst. Sind alle Hände gereicht, entsteht ein wirrer Händeknoten, der nun entwirrt werden muss, ohne den anderen loszulassen.
>
> Es gibt auf jeden Fall eine Lösung, ohne sich gegenseitig loslassen zu müssen. Bei der Lösung entsteht immer ein »normaler« Kreis, bei dem sich alle an den Händen halten und auch keine Arme überkreuzt sind. Für die Auflösung ist es erlaubt, sowohl mit dem Gesicht nach innen, als auch nach außen gewandt im Kreis zu stehen.

Wir spielten das Spiel mit zwei unterschiedlichen Varianten. Beim ersten Mal sollte die Gruppe den Knoten alleine lösen, durch die Ideen aller Beteiligten. Beim zweiten Mal sollte es einen Außenstehenden (Experten) geben, der von außen auf die Gruppe schaute und dann Anweisungen gab, die die Gruppe befolgen musste. Die eigenen Ideen durften die Beteiligten dabei nicht einbringen.

Dann gab ich noch den Auftrag, bei der Lösung des Knotens sich selbst zu beobachten:

- Hast du eigene Ideen?
- Bringst du deine Ideen ein?
- Werden sie umgesetzt?
- Oder bist du eher ein passiver Mitspieler, der die Ideen der anderen ausführt?

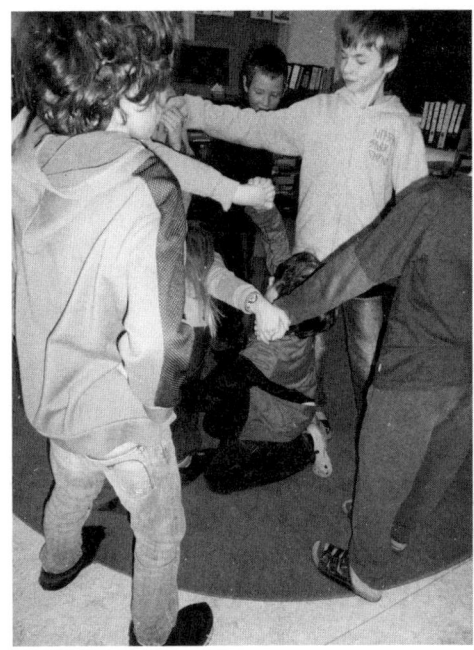

Abb. 14: Entwirrung des Knotens

Nach der Durchführung folgte eine kurze Reflexionsphase.

Das Spiel mit einem »Experten« dauerte deutlich länger, und es kostete einige Kinder viel Überwindung, auf die Anweisung des Experten zu warten und nicht aus eigenem Antrieb zu handeln. Manche hielten es auch nicht aus und gaben den einen oder anderen Tipp.

Ich forderte die Kinder auf, die beiden Lösungswege zu vergleichen. Wie war es besser gegangen: mit oder ohne Experte?

Alle 20 Kinder waren sich einig: Ohne Experte ging es leichter und schneller, weil

- man nicht warten musste, bis der Experte etwas sagte,
- man seine eigenen Ideen einbringen konnte und weil
- man selbst handeln konnte.

Diese Erkenntnisse versuchten wir auf Alltagssituationen zu übertragen. Alle waren sich einig, dass die meisten Probleme viel leichter und schneller zu lösen waren, wenn mehrere Kinder sich an der Lösung beteiligten, indem sie Ideen und Vorschläge einbrachten.

Einer allein ist bei Weitem nicht so einfallsreich. Außerdem ist es schöner, wenn jeder, der möchte, etwas sagen darf, als nur das zu tun, was einer ansagt.

Dies war eine wichtige Erkenntnis, die nun mit einer konkreten Erfahrung in Verbindung gebracht werden konnte. Es würde sicher Situationen im Schulalltag geben, die Kinder an dieses Erleben zu erinnern.

Den Kindern macht dieses Spiel großen Spaß. Sie wollen es immer wieder spielen. Auf meine Frage, was ihnen daran so gefiele, antworteten sie:

- »Es ist lustig, wie man verknotet ist. Mal sind es leichte Knoten, mal schwere.«
- »Man kann üben, wie man als ganze Gruppe ein Problem lösen kann.«
- »Es ist schön, weil man seine Ideen einbringen kann.«
- »Am Ende gibt es immer einen Kreis.«

Tower of power

Das Spiel besteht aus acht Holzquadern. Diese sind teilweise schräg geschnitten und haben eine Einkerbung, in die eine Metallschiene (später Kran genannt) eingeführt werden kann. Diese ist durch lange Seile zu steuern, die die Kinder in der Hand halten.

Durchführung:

In einem abgegrenzten Bereich werden die acht Holzquader senkrecht stehend auf dem Boden verteilt. Jeder Teilnehmer greift ein Seilende (oder mehr, je nach Anzahl der Akteure). Aufgabe ist es, gemeinsam den Kran zu steuern und damit die Holzquader aufeinander zu stellen, um so einen Turm zu bauen. Dabei gilt stets die Vorgabe, dass die Holzteile von den Teilnehmern mit keinem Körperteil berührt werden dürfen.

Dies ist eine wackelige Angelegenheit. Die Konstruktionsweise der Hölzer erlaubt kein hektisches und unkoordiniertes Vorgehen. Die Aufgabe ist also nur durch genaue Absprachen und organisiertes, gemeinsames Handeln der Gruppe lösbar.

Abb. 15: Die Klötze für den Turm

Die Kinder hatten großes Vergnügen an dieser Herausforderung. Sie einigten sich darauf, so hoch wie möglich zu bauen. Nach einigen Fehlversuchen und Einstürzen erwachte der Ehrgeiz. Jetzt erst recht! Sie manövrierten und jonglierten, warfen Tipps ein und probierten es aus, fieberten und bibberten. Selbst bei Abstürzen gab es kein Beschimpfen des »Schuldigen«, sondern nur ein allgemeines Bedauern.

Abb. 16: Kurz vor dem Ziel

Äußerungen der Kinder:

- »Man muss sich beim Draufstellen auf die anderen verlassen können und daran glauben, dass wir es schaffen.«
- »Man muss Vertrauen in die anderen Mitspieler haben.«
- »Es war leichter, als einer Kommandos gab. Man darf auf keinen Fall schnell machen.«

Fliegender Teppich

Alle Mitspieler stehen auf einem Teppich. Dieser soll gewendet werden (Unterseite nach oben), ohne den Teppich zu verlassen und den Boden zu berühren.

Abb. 17: Den Teppich zu wenden, erfordert Geschick und gute Absprachen

Ein Spiel, das Flexibilität und vorausschauendes Denken erfordert, Kreativität und Kooperationsbereitschaft fördert und verlangt, dass jeder sowohl sich selbst als auch die anderen im Auge behält.

Wichteln in der Vorweihnachtszeit

In großen Gruppen wie z. B. einer Klasse bilden sich natürlicherweise Untergruppen, in denen die Mitglieder ein engeres Verhältnis untereinander haben als zum Rest der Klasse. So wertvoll, gewinnbringend und unterstützend diese Freundesgruppen auch sind, ist es mir als Lehrer wichtig, dass möglichst viele Kinder Kontakt zueinander haben.

Natürlich ist es selbstverständlich, dass alle – trotz etwaiger Abnei-
gungen gegen den einen oder anderen – rücksichts- und achtungsvoll
miteinander umgehen. Darauf lege ich großen Wert und weise bei
entsprechenden Anlässen immer wieder darauf hin. Freude- und Ärgerrunden leisten hierbei einen wertvollen Beitrag. Wann immer es
sich anbietet, versuche ich, Kinder in Kontakt miteinander zu bringen,
die im Schulalltag nur wenige Berührungspunkte miteinander haben.
Die Adventszeit ist so eine Gelegenheit.

Jedes Jahr wünschen sich die Kinder, dass wir wichteln. Für das
Wichteln gibt es viele Varianten. Einige beschreibe ich im Folgenden.

Versteckwichteln

Jede Woche im Advent zieht jedes Kind aus einem Körbchen, das die
Namenskärtchen der Kinder und Lehrer dieser Klasse enthält, ein
Kärtchen. Der Name, der gezogen wurde, darf niemandem verraten
werden. Für diese Person wichtelt man in dieser Woche, das bedeutet,
dass man ihr ein kleines Geschenk macht: ein Plätzchen, ein Bild,
eine nette Nachricht, eine schöne Muschel oder Ähnliches. Es soll
ein Zeichen sein, mit dem man als Wichtel sagen will »Ich hab heute
an dich gedacht« und – bei »fortgeschrittenen« Wichteln – »Ich habe
mir Gedanken gemacht, womit ich dir eine Freude machen könnte«.

Das Wichtelgeschenk wird geheim an einer Stelle versteckt, an der
es von dem zu »Bewichtelnden« gefunden und eindeutig als sein
Geschenk betrachtet werden kann: im Hausschuh, der persönlichen
Ablage, der Anoraktasche ... Während der Schulwoche können die
Kinder so oft wichteln, wie sie wollen, mindestens aber einmal. Am
Ende der Woche, vor der nächsten neuen Wichtelrunde, erfolgt die
Wichtelauflösung. Wir sitzen um unseren Teppich, und das Vermuten
und Raten beginnt:

- »Ich habe eine Tüte mit Plätzchen bekommen. Da hing auch ein
  Zettel dran. Die Schrift ist von einem Erst- oder Zweitklässler, glaube
  ich. Ich glaube, dass es der ... war, weil er auch schon mal so ein
  Plätzchen in seiner Frühstücksdose dabei hatte.«

- »Ich glaube, dass es der ... war, weil er so auffällig gesagt hat: Schau
  doch mal in deine Ablage. Da ist was drin.«

- »Ich hatte einen total fleißigen Wichtel. Er hat mir dreimal etwas
  geschenkt. Ich hab aber keine Ahnung, wer es war. Wer war denn
  mein Wichtel?«

Die Auflösung macht den Kindern großen Spaß. Es wird über manche kuriose Vermutung gelacht. Man freut sich, wenn man richtig lag, oder ist erstaunt, wenn sich ein ganz anderes Kind als Wichtel outet. Jeder erfährt, wer es in dieser Woche als Wichtel gut mit einem gemeint hat und bedankt sich bei ihm. Manchmal beschweren sich Kinder auch, weil ein anderes Kind ihnen verraten hat, wer ihr Wichtel war. Zu gerne will das jeder selbst herausfinden und erwartet, dass dieser Wunsch ernst genommen wird.

Es kommt auch immer wieder vor, dass Kinder eine Woche lang kein Geschenk vorfinden, weil ein Wichtel sich an den Namen des zu Beschenkenden nicht mehr erinnert oder weil er, trotz allgemeiner Erinnerungen, einfach zu wichteln vergisst. Manchmal meldet sich der vergessliche Wichtel bei der Auflösung, entschuldigt sich und wichtelt vielleicht nach. Manchmal aber bleibt es ein Geheimnis. Ich mute den Kindern zu, mit ihrer Enttäuschung fertig zu werden. Absolute Gerechtigkeit gibt es ja sowieso nicht. Interessanterweise können die Kinder gut damit umgehen. So ist es eben im Leben und beim Wichteln halt auch. Immer wieder kommt es vor, dass Kinder auch spontan das eigene Wichtelgeschenk mit dem leer ausgegangenen Kind teilen, oder Letzteres findet am Montag nachträglich eine kleine Überraschung im Hausschuh.

Briefchenwichteln

Auch beim Briefchenwichteln zieht jedes Kind den Namen eines anderen Kindes in der Klasse, allerdings nicht wöchentlich neu, sondern einmal für die ganze Adventszeit. Auch dieser Name bleibt geheim. Für das zu bewichtelnde Kind wird ein kleines Briefchen auf schönes, buntes Briefpapier oder – andere Variante – auf einen bunten Satzstreifen geschrieben. Der kurze Text soll einen positiven Inhalt haben: »Eine Eigenschaft, die du an dem anderen Kind gerne magst oder eine Begebenheit mit diesem Kind, bei der du dich über sein Verhalten gefreut hast, oder etwas, das du beim anderen bewunderst oder schätzt.«

Vielen Kindern fällt es leicht, etwas Positives zu schreiben, andere wiederum kommen an ihre Grenzen und brauchen Unterstützung. Aber jeder nimmt die Erfahrung mit, dass es bei jedem etwas Angenehmes zu finden gibt und kein Kind nur negative Seiten hat. Jeder hat auch Stärken! Eine grundlegende Haltung in der systemischen Pädagogik und ein wichtiger Lernprozess für alle!

Die Briefe werden anonym geschrieben und es wird auch nicht erraten, wer der Absender war. Jeder nimmt eine positive Rückmeldung mit nach Hause, weiß aber nicht, von wem er sie erhalten hat – ob von einem Freund oder einem Kind, das ihm nicht so nahe steht. Die Briefchen werden zusammen mit einer kleinen Süßigkeit an unserem zuvor gebastelten Klassenadventskalender angebracht und jeden Tag darf ein anderes Kind sein an ihn gerichtetes Briefchen öffnen.

Abb. 18: Tannenbäumchen mit Wichtelbriefen

Soziales Wichteln

Der Ablauf ist genauso wie beim Versteckwichteln, einzig das »Geschenk« ist ein anderes. Beim sozialen Wichteln geht es nicht um etwas Materielles, sondern um ein ideelles Geschenk, um eine Handlung, die den anderen freut: den Schulranzen tragen, in der Pause zusammen spielen, den Brotzeitplatz aufräumen ...

Bei uns in der Klasse ist das Versteckwichteln die beliebteste Variante des Wichtelns. Allerdings nehme ich mir als Lehrer die Freiheit, im nächsten Jahr zu wechseln – je nachdem, wovon ich glaube, dass die Klassengemeinschaft am meisten profitiert.

5 Ich weiß um meinen Platz – Rangordnungen einhalten

In Familien im Speziellen, aber auch in allen anderen Gemeinschaften, in die das Kind nachfolgend eintritt, wie Kindergartengruppen, Schulklassen oder andere Kinder- und Jugendlichengruppen, gelten gewisse Ordnungen. Gemeint sind hiermit nicht die allgemeinen Klassenregeln und Hausordnungen, sondern in der Tiefe wirksame Grundordnungen, die – beachtet und eingehalten – das Zusammenleben erleichtern und dem Kind helfen, seinen Platz in der Gemeinschaft zu finden.

Als Pädagoge, Betreuer oder Elternteil ist es von Vorteil, um diese Grundordnungen zu wissen, denn sie helfen ihm, im Alltag sicherer, klarer und mit mehr Verständnis reagieren zu können.

Eine dieser Grundordnungen ist, wie bereits beschrieben, das Recht auf Zugehörigkeit. Das Kind braucht die Sicherheit, dass es zur Gemeinschaft gehören darf und gehört.

Eine andere Grundordnung ist die der Rangordnung. Das klingt ein bisschen nach Hackordnung, nach »Der eine ist mehr wert als der andere« oder »Der eine bestimmt über den anderen«, hat damit aber in keiner Weise etwas zu tun. Jedes Mitglied einer Gemeinschaft ist gleichwertig – unabhängig von seiner Begabung, seiner Persönlichkeit oder seinem Verhalten.

Trotzdem – wer kennt das nicht:

- Auf dem Schulhof »herrscht« z. B. ein jüngeres Kind über ältere Kinder, legt sich frech mit ihnen an, schupst sie herum und meint, den »Boss« spielen zu können.
- Im Unterricht versucht ein Kind, die Führung zu übernehmen, fällt dem Lehrer ständig ins Wort, packt seinen Schulranzen ein, obwohl die Stunde noch nicht beendet ist, oder reagiert frech und aufsässig auf Anweisungen oder Aufträge.

In den jahrgangsgemischten Klassen fallen solche »Übergriffe« von jüngeren Schülern auf ältere noch deutlicher auf als in Jahrgangsklassen. Aber was bedeutet es nun für den Lehrer, die »Rangordnung« zu kennen und zu beachten?

Im Systemischen gibt es den Vorrang des Früheren vor dem Späteren. Weil das innerhalb der Familie offensichtlicher und leichter zu verdeutlichen ist, möchte ich diese Grundordnung anhand des Familiensystems erklären.

Vorrang des Früheren heißt in Familien: »Wer zuerst in die Familie kommt, hat Vorrang vor dem, der später hinzukommt. Zuerst sind die Eltern da, dann kommt das erste Kind, dann das zweite, das dritte ...« (Innecken 2007, S. 57). Mit »Vorrang« ist nicht gemeint, »dass ein Kind einem anderen vorgezogen wird oder dass ein Kind mehr geliebt wird oder mehr wert ist als ein anderes. Gemeint ist, dass alle Kinder den gleichen Wert, aber nicht den gleichen Rang in der Geschwisterfolge haben. Der Platz des ersten Kindes in der Familie ist nun mal ein völlig anderer als der Platz des zweiten oder des dritten Kindes« (Innecken 2007, S. 58).

Die Anerkennung dieser Ordnung wirkt auf alle Familienmitglieder entlastend. Das Zusammenleben gestaltet sich dadurch konfliktfreier und entspannter.

Das »Vorrecht der Früheren« gibt es in altershomogenen Klassen nicht, spielt aber im Gesamtgefüge der Schule, in Kindergärten, Vereinen und anderen Gruppen, in die ihre Mitglieder zu unterschiedlichen Zeiten eintreten, durchaus eine Rolle. Und eben auch in unseren jahrgangsgemischten Klassen.

»Vorrang der Früheren« meint, dass die, die früher in eine Gemeinschaft eingetreten sind, mehr Rechte, aber auch mehr Pflichten haben als die später Hinzugekommenen. So übernehmen z. B. ältere Schüler die Patenschaft für jüngere, kümmern sich um diese und verzichten somit teilweise auf die Wahrnehmung ihrer eigenen Interessen. Andererseits dürfen sie bestimmte Kursangebote nutzen, die für Jüngere noch nicht zugänglich sind (z. B. Kochen), oder im Werkunterricht anspruchsvollere Werkstücke anfertigen oder komplexere Botenaufgaben erledigen.

Im Alltag gibt es viele Gelegenheiten, bei denen es sich lohnt, diese Grundordnung zu berücksichtigen. Sie hilft dem Kind, einen ihm »gemäßen« und sich »richtig« anfühlenden Platz in der Gemeinschaft einzunehmen. Dadurch erfährt es Akzeptanz und Stärkung. Kinder dagegen, die sich auf einen Platz begeben, der ihnen aufgrund der Rangfolge nicht gebührt, finden manchmal nur schwer Kontakt zu ihren Mitschülern – ja, werden unter Umständen sogar ausgeschlossen.

Patenschaften

Patenschaften helfen Neulingen, leichter und schneller mit der neuen Umgebung vertraut zu werden und in die bestehende Gemeinschaft hineinzuwachsen.

Die wichtigsten Patenschaften sind die für unsere Schulanfänger. Die Erstklässler kommen von der wohlbehüteten Kindergartenumgebung. Die Eltern brachten sie hin und holten sie jeden Tag ab. Bei Schwierigkeiten und besonderen Vorkommnissen konnten Eltern und Erzieher zeitnah in Kontakt treten. Die Kinder konnten sich, wenn nötig, auf dem Schoß ihrer Erzieherin Hilfe und Trost holen. All das verändert sich in der Schule. Das Verhältnis zwischen Lehrern und Schülern ist distanzierter, die Eltern haben keinen unmittelbaren Einblick mehr in die Schulwelt ihrer Kinder, und die Kinder müssen lernen, mit den alltäglichen Herausforderungen selbst zurechtzukommen. Für einen fließenden und entspannten Übergang vom Kindergarten zur Schule bietet das Patensystem eine gute und hilfreiche Unterstützung.

Wie bereits im Abschnitt »Aufnahmeritual für Schulanfänger« geschildert, erklären sich jeweils zwei Kinder bereit, Pate für ein Erstklasskind zu werden. Am ersten Schultag, nach dem Aufnahmeritual und der Begrüßung durch uns Lehrer, nehmen die Paten »ihr« Patenkind in Empfang. Sie weisen ihm den richtigen Platz in der Garderobe zu, begleiten es ins Klassenzimmer und setzen sich neben ihren Schützling. In den nächsten Tagen und Wochen übernehmen die Paten eine wichtige Funktion bei der Neueingliederung der Schulanfänger:

Sie helfen ihnen bei der räumlichen Orientierung im Schulgebäude, zeigen Toiletten, begleiten sie in den Pausenhof und zu den Fachräumen, erklären, wo Ordner, Hefte, Federmäppchen, Malsachen usw. ihren Platz haben, lernen mit ihnen in der Freiarbeit und spielen mit ihnen in der Pause. Auch beim Aufschreiben von Elternmitteilungen oder der Gestaltung von Heftüberschriften sind sie eine unentbehrliche Hilfe. Den Paten ist bewusst, dass sie eine Weile einen Teil ihrer eigenen Interessen zurückstellen und für ihr Patenkind da sein müssen. So werden sie als Ältere in die Pflicht genommen. Viele übernehmen das Amt gerne, sind stolz darauf und führen es verantwortungsvoll aus. Auch die Erstlingspaten merken bald, wie anspruchsvoll und anstrengend diese Aufgabe ist. Einigen fehlt noch die Fähigkeit, sich über die Anfangsbegeisterung hinaus in den »Dienst« eines Amtes zu stellen. Weil aber jeder selbst in den Genuss einer Patenschaft gekommen war, wissen sie um die Wichtigkeit dieser Aufgabe. Hier ihre Erinnerungen:

- »Mein Pate hat mit mir in der Pause gespielt. Da war ich nicht allein. Ich hab ja am Anfang noch niemanden gekannt.«
- »Ich war froh, dass ich einen Paten hatte, weil ich am Anfang in der Pause Angst hatte vor den größeren Kindern. Dann bin ich einfach zu meinem Paten gegangen, und der hat mich beschützt.«
- »Mein Pate hat mir viel Material gezeigt, und so habe ich mich ganz schnell in der Klasse ausgekannt.«

Immer wieder bedanken sich die Schulanfänger in den Freuderunden bei ihren Paten und würdigen damit deren Einsatz: »Ich finde es schön, dass du mein Pate bist.« Durch die Bewunderung, die vielen Paten entgegengebracht wird, erfahren diese Anerkennung und Stärkung in ihrer Rolle als Ältere.

Auch für mich als Lehrer sind die Patenschaften eine große Erleichterung. Was ich normalerweise einer größeren Gruppe von Erstklässlern erklären müsste, erledigen die Paten im persönlichen Kontakt. Auch die Einweisungen werden sehr individuell auf die Fähigkeiten der Erstklässler zugeschnitten. Während dem einen eine einmalige Erklärung genügt, braucht ein anderer vielleicht mehrere Hinweise. Die »Kleinen« erlangen so eine gewisse Sicherheit und fühlen sich schnell in der Schule heimisch.

Kinder, die das Amt eines Paten übernehmen, tun das zum Wohle der Gemeinschaft. Ihrem Einsatz gebührt besondere Wertschätzung. Auch Kinder, die auf anderen Gebieten ein größeres Maß an Verantwortungsgefühl und Engagement für die Gemeinschaft aufbringen, deren Handeln der ganzen Gruppe zugutekommt oder die durch ihr Verhalten den »guten« Geist einer Klasse oder auch der Schule entscheidend prägen, sollten besonders gewürdigt werden. Also Klassen- und Schulsprecher, Schulsanitäter, Streitschlichter, Schüler, die sich bei Gemeinschaftsprojekten, Feiern, sozialen Aktivitäten, für die Gestaltung einer Schulzeitung oder Ähnlichem besonders einsetzen oder deren Einsatz für andere das normale Maß überschreitet. Sie tragen zum Wohlbefinden aller bei und sichern die Stabilität der

Schulgemeinschaft. Wird ihr besonderer Einsatz zu wenig gewürdigt, verringern oder verlieren sie vielleicht ihr Engagement und ihre Motivation. Dadurch verliert das ganze System an Qualität, Stabilität und Sicherheit.

Sitzordnung

Menschliche Beziehungen drücken sich immer auch im Raum aus. Es macht einen Unterschied und fühlt sich anders an, ob sich zwei Menschen gegenüberstehen, oder ob sie nebeneinanderstehen – sowohl für diese beiden Menschen als auch für die, die auf sie schauen.

So wie die räumliche Anordnung eine Wirkung auf die Mitglieder hat, lässt sich auch umgekehrt durch die Gestaltung dieser Ordnung Einfluss auf das Wohlbefinden der Beteiligten nehmen. Das Wissen um diese Tatsache und deren Einbeziehung im Alltag bietet eine Unterstützung für den Pädagogen und sein pädagogisches Wirken.

Wie kann das nun konkret aussehen?

In Familienaufstellungen hat sich gezeigt, dass sich die Mitglieder einer Familie am wohlsten und sichersten fühlen, wenn jeder um seinen »richtigen«, d. h. um den ihm angemessenen Platz weiß und ihn einnehmen darf.

Abb. 19: *Vater und Mutter stehen zusammen, dann folgen, im Uhrzeigersinn gesehen, die Kinder ihrem Eintritt in die Familie entsprechend*

So findet die Grundordnung »Wer zuerst in die Familie kommt, hat Vorrang vor dem, der später hinzukommt« ihre räumliche Entsprechung (ausführlicher beschrieben bei B. Innecken: »Weil ich euch beide liebe«).

Ich habe versucht, diese in vielen Familienaufstellungen erlebte wohltuende Ordnung auf die Sitzordnung in der Klasse zu übertragen, und habe damit gute Erfahrungen gemacht. Wenn wir im Unterricht um unseren Teppich sitzen, sieht das folgendermaßen aus:

Wir zwei Lehrer sitzen nebeneinander. Dabei bin ich als die Hauptverantwortliche und Klassenleitung an der rechten Seite meiner pädagogische Zweitkraft. Das Nebeneinandersitzen verleiht uns eine kräftigende, stärkende Wirkung. Den Kindern gibt es mehr Sicherheit und sie können uns beide gleichzeitig sehen.

An der linken Seite der Zweitkraft schließen sich die zwei Klassensprecher an, also die Kinder, die als Vertreter von ihren Mitschülern gewählt wurden und damit eine besondere Verantwortung übertragen bekommen haben. Dabei sitzt der 1. Klassensprecher unmittelbar links vom Lehrerteam und im Uhrzeigersinn daneben der 2. Klassensprecher. Durch die Jahrgangsmischung in unseren Klassen gibt es nun tatsächlich eine Rangfolge entsprechend des Eintritts in die Klasse. Die Viertklässler waren vor den Drittklässlern da, diese vor den Zweitklässlern und diese wiederum vor den Erstklässlern. Das spiegelt sich in der Sitzordnung um den Teppich so wider, dass die Viertklässler links im Anschluss an die Klassensprecher sitzen, dann die Drittklässler, die Zweitklässler und schließlich die Erstklässler, die den Kreis zu mir hin schließen. Innerhalb der Jahrgangsstufe sitzen die Kinder wiederum ihrem Alter entsprechend. Das älteste Kind bildet dabei den Anfang, dann das Zweitälteste usw., bis das älteste Kind der nächsten Jahrgangsstufe kommt. Das jüngste Kind bildet das »Ende«.

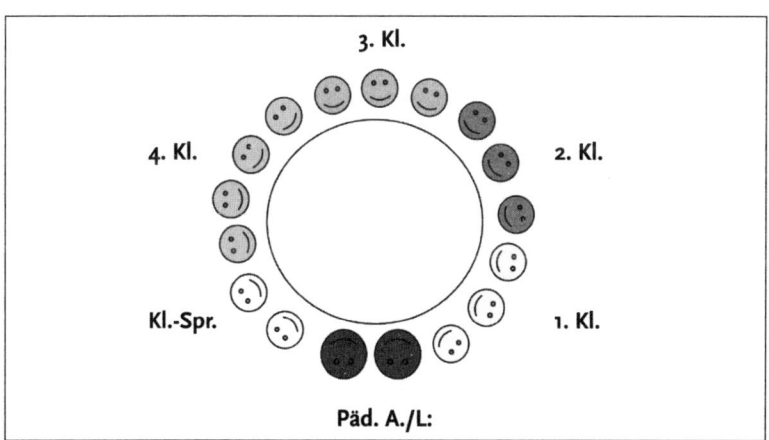

Abb. 20: Hilfreiche Sitzordnung um unseren Teppich (L. = Lehrer; Päd. A. = Pädagogische Assistenz; Kl.sp. = Klassensprecher)

Mit dieser Sitzordnung ist für die Kinder leicht ersichtlich: Wer ist das älteste Kind der Klasse, wer das jüngste. Wer sind die ältesten und die jüngsten in der jeweiligen Jahrgangsstufe. Wer kam vorher in die Klasse, wer danach. Für viele Kinder ein Aha-Erlebnis! Oft ist an ihren Gesichtern abzulesen, dass sich etwas in ihnen zurechtrückt und oftmals auch entspannt. Meiner Erfahrung nach bringt diese Sitzordnung in der Regel die meiste Ruhe in die Klasse.

Natürlich verändern wir die Sitzordnung auch, um den Kindern die Gelegenheit zu geben, mit möglichst vielen Sitznachbarn vertraut zu werden und auskommen zu lernen. Dabei wechseln wir ab. Einmal bestimmen die Kinder die Sitzordnung (mit kleinen Vorgaben meinerseits), einmal lege ich die Ordnung nach meinen pädagogischen Überlegungen fest. Die Kinder bei jeder Zusammenkunft um den Teppich ihren Platz selbst wählen zu lassen führt meiner Erfahrung nach zu viel Unruhe.

6 Ich kann, ich bin – Stärken erkennen, Ressourcen nutzen

Als Lehrer haben wir gelernt, nach Fehlern zu suchen, Schwächen zu bekämpfen, Verbesserungen vorzugeben, die guten Leistungen zu belohnen (mit guten Noten, Lob ...), die schlechten Leistungen zu beklagen – kurzum: auf die Mängel und Probleme zu schauen.

Eine grundlegende Denk- und Handlungsweise in der systemischen Pädagogik dagegen ist, die Blickrichtung zu ändern und, statt nach Fehlern und Schwächen zu suchen, die Stärken und Fähigkeiten der Kinder zu erkennen. Statt auf Probleme zu blicken, sich auf Lösungen zu konzentrieren. Statt ein halb leeres ein halb volles Glas zu sehen. In der systemischen Sprache nennt man das Ressourcenorientierung.

Die Kinder und ihr Verhalten unter diesem Blickwinkel zu sehen führt häufig zu einer sofortigen Veränderung in unserem Handeln als Lehrer, Erzieher und Eltern und in der Folge auch bei den Kindern. Schon alleine die veränderte Haltung hat auf das Kind eine positive Wirkung. Nicht nur wir Lehrer können unser Denken und Handeln in diese Richtung schulen, wir können auch die Kinder unterstützen, ihre Stärken zu erkennen und ihre Kraftquellen zu entdecken und zu nutzen.

»Jeder Erwachsene, jeder Jugendliche und jedes Kind braucht Kraftquellen in seinem Leben, die ihm Lernen und Entwicklung ermöglichen. Tatsächlich verfügen wir auch alle über solche Kraftquellen, nur sind sie uns oft nicht bewusst oder aber wir verlieren sie in schwierigen Momenten oder Zeiten aus den Augen« (Innecken 2007, S. 165).

Es gibt viele Möglichkeiten, Kinder zu stärken und ihnen zu helfen, ihre Ressourcen zu entdecken und zu nutzen. Die im Folgenden geschilderten Beispiele sind einige davon.

Kraftbilder zeichnen

Die Vorbereitungen für den alljährlichen Schullandheimaufenthalt wurden bereits in einem vorherigen Kapitel ausführlich geschildert.

Wie bereits erwähnt gibt es Kinder, die nach all den Vorbesprechungen noch zusätzliche Hilfe brauchen, weil sie immer noch »Bauchgrummeln« haben bei dem Gedanken an den bevorstehenden Aufenthalt. Für die meisten von ihnen ist »Heimweh« das zentrale Thema. Mit dieser Kindergruppe mache ich eine Übung aus dem »NIG« – dies bedeutet »Neuro-Imaginatives Gestalten« und wurde von Eva Madelung entwickelt, Barbara Innecken hat es vertieft und ergänzt. Es ist eine Technik, die mit inneren und äußeren Bildern arbeitet – genauer nachzulesen bei Eva Madelung »Im Bilde sein« und bei Barbara Innecken »Weil ich euch beide liebe«.

Ich frage die Kinder: »Kannst du dir vorstellen, wenn du Heimweh hast und dein Freund oder deine Freundin und all die Tipps, die du schon bekommen hast, dir nichts mehr helfen, dass es trotzdem etwas gibt, das dir Kraft gibt?«

Die Kinder zählen auf: Schutzengel, Mitglieder aus ihrer Familie, geliebte Tiere, schöne Erlebnisse oder auch eine Kraft in ihnen.

Die Kinder gestalten nun ihre Bilder: das, was ihnen in einer »Heimwehsituation« Kraft geben und helfen kann. Papier und bunte Stifte liegen schon bereit. Die Kinder malen mit der linken Hand (Linkshänder nehmen die rechte Hand). Diese sei mehr mit dem Herzen (für uns Erwachsene: mit dem Unbewussten) verbunden, und das gebe ihren Bildern noch mehr Kraft, erkläre ich. Außerdem wisse jeder, dass man mit der linken Hand nicht so gut malen könne. Also muss sich niemand Gedanken machen, ob das Bild auch schön genug würde.

Dann sucht sich jeder einen Platz alleine. Wenn die Kinder ihre Kraftbilder zeichnen, sind sie meist sehr vertieft und konzentriert. Danach erzählen sie, was oder wer auf dem Bild dargestellt ist. Anschließend schlage ich vor, dass sie sich auf ihr Kraftbild stellen, um die kraftvolle Wirkung mit dem ganzen Körper zu spüren. Ich lade dazu ein, die Augen zu schließen und die Hand dorthin zu legen, wo die Kraft besonders gut zu spüren ist.

 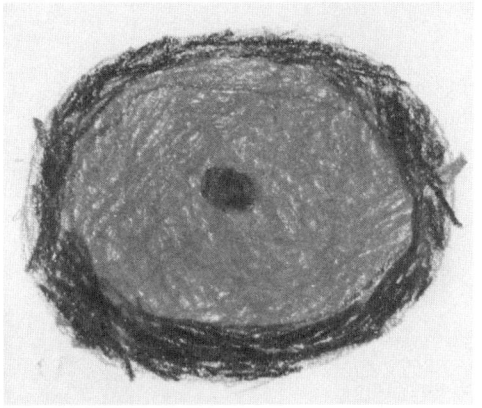

Abb. 21 und Abb. 22: »Das ist mein inneres Licht.«

Nach dem Draufstellen äußerte das Kind: »Ich hatte das Gefühl, ich würde fliegen. Mein Kopf war ganz leer.«

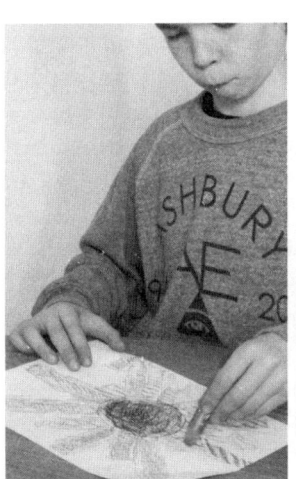 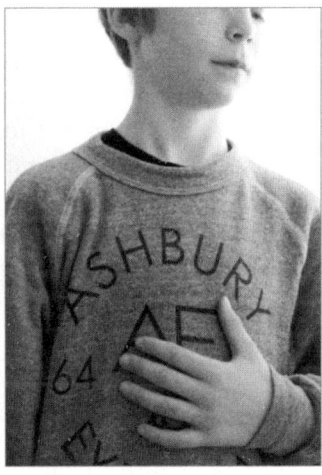

Abb. 23 und Abb. 24: »Meine Ärztin hat gesagt, ich sei eine bunte Kugel und außen herum ist mein Schutzengel.«

Nach dem Draufstellen äußerte das Kind: »Ich hab ganz fest gestanden, wie ein Baum mit Wurzeln. Dann war da ein Wind, der im Körper rauf und runter ging und am Ende um mein Herz gekreist ist.«

Abb. 25: »Das ist meine Familie.«

Nach dem Draufstellen äußerte das Kind: »Ich hatte ganz warme, kribbelnde Füße. Und ich hab Mama, Papa, Oma und Opa gespürt. Ich war irgendwie mit ihnen verbunden, aber ich weiß nicht wie.«

Die Bilder können die Kinder mit ins Schullandheim nehmen und unter ihr Kopfkissen legen. Dort sind sie gleich zur Hand, wenn sie gebraucht werden.

Ein Junge hängte sein Bild an den Pfosten seines Stockbetts. »Da kann ich es immer sehen.«

Ein Mädchen erzählte später: »Zuerst hatte ich es unter meinem Kissen, dann im Schrank. Einmal bin ich aufgewacht. Dann hab ich es mir wieder unter mein Kissen gelegt und konnte gleich wieder einschlafen.«

Bei einem unserer Aufenthalte hat die sechsjährige Astrid großes Heimweh. Meistens kommen Heimwehschübe erst gegen Abend, wenn die Kinder ruhiger werden und sie nicht mehr von den Aktionen des Tages abgelenkt sind. Astrid weint jedoch immer wieder auch untertags. Sie will aber gerne bleiben und holt sich Trost bei ihren Freundinnen aus der dritten Klasse. Als es dann ans Zubettgehen geht, ist es wieder so weit. Ich setzte mich zu ihr ans Bett und frage nach ihrem Kraftbild.

Abb. 26: Kraftbild mit Schutzengel

Wo denn ihr Schutzengel sei, den sie mit auf das Bild gemalt habe.

»Er ist nicht mehr da!«, schluchzt sie. Zusammen mit ihren Freundinnen beginne ich, ein Engellied zu singen. Wir wiederholen es sechs-, siebenmal, da sagt Astrid plötzlich: »Jetzt ist er wieder da!« Ich frage sie, wo er denn sei, und sie legt lächelnd ihre Hand aufs Herz.

Ich bitte sie noch, sich auf ihr Bild zu stellen, sodass sie den Engel im ganzen Körper spüren könne. Astrid geht zu Bett und hält, mit zusätzlicher Unterstützung ihrer Freundinnen, die Nacht durch.

Die Technik des NIG ist in den unterschiedlichsten Situationen hilfreich. Man kann sie auf vielfältige Weise einsetzen und sie für verschiedene Themen nutzen. Es ist ein Weg, Kindern zu zeigen, wie sie sich selbst helfen können. Weitere Beispiele finden Sie im Buch von Barbara Innecken »Weil ich euch beide liebe«.

Kraftwörter schenken

In einer Lehrersupervision machte die Leiterin mit unserer Gruppe folgende Übung:

»Überlegt euch für jeden in der Gruppe eine positive Eigenschaft, die denjenigen besonders auszeichnet. Schreibt sie auf einen Klebezettel und klebt sie ihm auf den Rücken.«

Als jeder jeden »beklebt« hat, bilden wir Paare. Vor der ganzen Gruppe nimmt zuerst der eine Partner die Zettel vom Rücken des anderen und liest diese laut vor. Dann kommt der andere Partner an die Reihe. So liest ein Paar nach dem anderen die positiven Eigenschaften seines Partners vor, bis alle an der Reihe gewesen sind. Es ist eine kraftvolle, stärkende und berührende Übung.

Einige Kollegen haben ihre Zettelchen bis heute aufbewahrt.

Diese ressourcenorientierte Übung machte ich später auch mit der Klasse. Für jedes Kind eine positive Eigenschaft zu finden war eine große Herausforderung. Zu erleben, dass auch bei Störenfrieden, bei Streithanseln und bei Kindern, die ihnen fremd sind, etwas Nettes gefunden werden kann, war eine Bereicherung. Jeder hat Stärken! Und zwar viele! Das erfuhr in dieser Übung jedes Kind. Mit 23 positiven Eigenschaften ausgestattet zu werden, glich einem wahren Goldregen. Das spiegelte sich in den Kindergesichtern wider.

Für die Übung mit den Kindern veränderte ich allerdings den Organisationsrahmen, denn bei 23 Kindern verliert der Einzelne schnell den Überblick, wem er schon eine Eigenschaft angeklebt hat und wem nicht. Zudem fallen die Zettelchen leicht ab.

So kam es zu folgender Vorgehensweise:

Jedes Kind bekommt ein Blatt in einer leuchtenden, schönen Farbe. Auf eine Seite schreibt jeder groß seinen Namen und legt dann das Blatt vor sich auf den Teppich. Dazu bekommt jeder einen Stapel Klebezettelchen und einen Streifen mit allen Vornamen der Kinder aus der Klasse.

Dann gebe ich den Auftrag:

»Du suchst dir ein Kind aus der Klassenliste aus und überlegst dir für dieses Kind eine treffende, positive Eigenschaft. Dann schreibst du die Eigenschaft auf einen Klebezettel und suchst das farbige Blatt des Kindes. Auf die Rückseite dieses Blatts klebst du das Zettelchen und legst das Blatt wieder so hin, dass man den Namen lesen kann (Rückseite deshalb, damit jedes Kind die jeweilige Eigenschaft selbstständig findet). Am Schluss machst du bei diesem Kind auf deinem Streifen ein Häkchen und nimmst dir das nächste Kind vor. Auf den Zettelchen dürfen keine negativen Eigenschaften stehen.«

Natürlich kam die Frage auf, was man macht, wenn einem zu einem Kind nichts einfällt. Wir besprachen, dass jeder etwas Gutes an sich habe. Manchmal müsse man nur ein bisschen länger nachdenken.

Wir sammelten noch einige Beispiele für positive Eigenschaften, und dann ging's los. Die Kinder machten sich mit Eifer ans Werk. Einige, vor allem die jüngeren Kinder, brauchten Hilfe. Dann überlegten wir gemeinsam.

Als alle fertig waren, setzte sich jeder wieder auf seinen Platz mit dem Blatt vor sich. Alle drehten nun ihr Blatt um und lasen ihre Zettelchen. Es gab viele lächelnde Gesichter.

Abb. 27: Beim Lesen der Kraftwörter

Jeder wählte nun eine oder zwei Eigenschaften aus, über die er sich besonders gefreut hatte, und las sie vor. So erfuhr auch jeder etwas von den anderen. Natürlich wurden viele Eigenschaften mehrfach genannt, wodurch dem Kind seine besonderen Stärken bewusst wurden. Alle erfuhren, wie sie von ihren Mitschülern wahrgenommen wurden und freuten sich über die vielen positiven Rückmeldungen.

Nach einem Jahr fragte mich ein Mädchen, ob wir diese Übung noch einmal machen könnten, bevor das alte Schuljahr zu Ende ginge. Sie hatte mit mehreren Kindern, die diesen Wunsch auch hatten, darüber gesprochen. Ich war überrascht über die nachhaltige Wirkung dieser Übung und fragte, wer sich sonst noch daran erinnern könne. Alle! Einige Kinder sagten, dieses Blatt hänge bei ihnen im Zimmer, damit sie es immer sehen könnten.

Da diese Aktion viel Zeit in Anspruch genommen hätte, entschied ich mich für eine kürzere Variante. Ich beauftragte die Schülerin, die den Wunsch geäußert hatte, eine Liste vieler positiver Eigenschaften anzufertigen – als Vorarbeit sozusagen. Sie setzte sich mit ihrer Freundin zusammen, und die beiden überlegten und schrieben die ganze Pause hindurch. Ich tippte zu Hause diese Eigenschaften und noch viele andere auf kleine Kärtchen.

In der Schule benutzte ich diese Eigenschaftskärtchen dann folgendermaßen:

> Alle ca. 100 Kärtchen liegen umgedreht in der Mitte des Kreises. Ein Würfel geht reihum von einem Kind zum anderen. Wer eine Eins oder eine Sechs würfelt, darf ein Kärtchen ziehen, die Eigenschaft lesen und sie einem Kind schenken, von dem es denkt, sie träfe auf dieses Kind zu. Einige Kinder überlegen lange, wem sie das Kärtchen schenken wollen, bei anderen geht es sehr fix. Manche schauen sich vor dem Schenken um, wer noch kein oder erst ein Kärtchen vor sich liegen hat, und versuchen, einen Ausgleich zu schaffen.
>
> Weil uns an diesem Tag die Zeit davonläuft und die Kinder finden, dass noch zu wenige Kärtchen verteilt sind, ändern wir die Regel. Es wird nicht mehr gewürfelt. Die Kärtchen werden nun reihum gezogen und verschenkt. Diese Variante gefällt uns besser, denn jeder will gerne schenken und beschenkt werden.

Es kommt vor, dass die Kärtchen ungleichmäßig auf die Kinder verteilt sind. Darauf sollte der Lehrer vorbereitet sein, um angemessen reagieren zu können. Wo ein Kind kein Kärtchen bekam, suchten wir alle gemeinsam Eigenschaften für dieses Kind. Die Kinder mochten es auch, sich selbst noch eine Eigenschaft zu geben, die sie für wichtig hielten und die noch nicht genannt worden war.

Für diejenigen, die dieses Spiel gerne ausprobieren wollen, hier eine Sammlung von Eigenschaften, die natürlich beliebig erweiterbar ist.

> *hilfsbereit, zuverlässig, lustig, geduldig, humorvoll, fröhlich, sportlich, musikalisch, rücksichtsvoll, tierlieb, verschwiegen, mutig, witzig, gut gelaunt, schick, friedlich, nett, fleißig, klug, hübsch, gutmütig, freundlich, liebevoll, ordentlich, fair, verständnisvoll, mitfühlend, vertrauenswürdig, kameradschaftlich, ruhig, fantasievoll, aufmerksam, gerecht, kann gut erklären, lacht gern, ehrlich, begeisterungsfähig, großzügig, hat hilfreiche Ideen, geschickt, erzählt lebendig, verbessert sich bei Kritik, kann andere ermutigen, tut viel für die Gemeinschaft, fröhlich, versteht Spaß, höflich, fürsorglich, tapfer, kümmert sich um andere, ruhig, ausgeglichen ...*

Meine guten Seiten – positive Eigenschaften erkennen

Die Kinder hatten das Spiel »Kraftwörter schenken« schon einmal gespielt. Dabei war es darum gegangen, einem anderen Kind eine positive Eigenschaft zuzuordnen. Nun sollten das die Kinder für sich selbst tun. Die eigenen positiven Seiten zu sehen ist oft schwerer, als die der anderen zu benennen.

Deshalb spielten wir als Einstieg »Ball zuwerfen« mit der Formulierung: »Meine Freundin/mein Freund findet gut an mir, dass ...« (siehe Kapitel »Wir gehören zusammen – gemeinsam spielen«). Mit dieser Vorgabe beschrieben sich die Kinder zuerst einmal durch die Augen einer anderen Person, um später den Blick direkt auf sich selbst zu lenken.

Nach dieser Einstimmung wanderte das Körbchen mit den positiven Eigenschaftswörtern reihum. Ein Kind nach dem anderen zog ein Kärtchen, las es laut vor und entschied, ob diese Eigenschaft auf es selbst zutraf oder nicht. Wenn ja, durfte es das Kärtchen behalten. Wenn nein, durfte es einem Kind gegeben werden, das der Ansicht war, dass es diese Eigenschaft besaß. Auf diese Weise hatten bald alle Kinder einige Kärtchen gesammelt. Manchen Kindern war es leichter gefallen, sich gute Eigenschaften zuzuordnen, andere waren unsicher.

Als die Kinder mindestens fünf Kärtchen in ihren Händen hielten, sollten sie aus dieser Sammlung ihre drei »Haupteigenschaften« auswählen und dazu konkrete Beispiele überlegen: »Was hast du schon einmal getan, woran ein anderer erkannt hätte, dass du hilfsbereit bist? Oder ehrlich? Oder ...?«

Als die Kinder aus dem großen Kreis einen Innen- und einen Außenkreis gebildet hatten, sodass sich immer zwei Kinder gegenübersaßen, begann das gegenseitige paarweise Berichten. Nach diesem ersten Durchgang rückten die Kinder im Innenkreis um einen Sitzplatz weiter. Also Partnerwechsel und gegenseitiger Austausch über eine weitere »Haupteigenschaft«. Als in einer dritten Runde noch eine positive Eigenschaft dem neuen Gegenüber beschrieben worden war und alle wieder im Kreis saßen, durfte ein Beispiel des Gesprächspartners allen erzählt werden.

Als Abrundung gestalteten die Kinder mithilfe ihrer Kärtchen das Deckblatt für ihr »ICH-Heft« (Beschreibung siehe unten). Dafür hatte ich die Kinder einige Zeit vorher bereits fotografiert. Sie erhielten nun ihr Porträtfoto, schnitten es aus und klebten es in die Mitte eines doppelten Kreises, den sie vorher auf ein weißes Tonpapier gezeichnet hatten. In den zweiten Kreis um das Foto schrieben sie in Blockbuchstaben ihren Namen und malten ihn aus.

Außen herum um Foto und Namen schrieben sie nun alle Eigenschaften, die sie sich ausgewählt hatten, und noch andere, die sie sich aus dem Körbchen zuordnen konnten. So entstand ein sehr individueller, ermutigender Heftumschlag, den die Kinder immer wieder gerne ansehen.

Abb. 28: Die positiven Eigenschaften als Umschlag des ICH-Hefts

ICH-Heft

Das ICH-Heft ist ein Heft, das nur Einträge enthält, die das Kind persönlich betreffen. Das kann ein Steckbrief zur eigenen Person sein, etwas zu einem Unterrichtsthema, das etwas Persönliches aufgreift (z. B. erste Klasse: zum Thema »Zähne« sollte auf einem Arbeitsblatt jeder die Zähne ausmalen, die er schon verloren hatte), oder Berichte und Fotos zu Ausflügen, Theateraufführungen oder anderen besonderen Ereignissen in der Klasse. Dabei mache ich zu den verschiedenen Anlässen Fotos und bestelle für jedes Kind eines, auf dem es gut zu sehen ist. (An den Unkosten beteiligen sich die Eltern gern.)

Dieses Foto kleben die Kinder dann in ihr ICH-Heft, gestalten die Überschrift und schreiben entweder selbst ein paar Zeilen dazu oder kleben einen Bericht ein, den ein anderes Kind für alle geschrieben hat. So entsteht über die ersten vier Jahre ein sehr individuelles und persönliches Heft.

Die Kinder nehmen es gerne zur Hand, und bei jedem neuen Eintrag blättern sie ihr Heft durch. Sie stellen anhand der Fotos Veränderungen in ihrem Aussehen fest, merken an der Gestaltung der Einträge und der Rechtschreibung Fortschritte in ihrer Entwicklung, erinnern sich an ehemalige Schulkameraden und tauschen sich immer wieder über vergangene Ereignisse und Erlebnisse aus – eine beeindruckende Sammlung von Erinnerungen an die Jahre in der Grundschule.

Das kann ich gut – Stärkung des Selbstwertgefühls

Bevor ich auf die Montessorischule wechselte, unterrichtete ich in einer staatlichen Schule. Damals (und jetzt wieder) bekamen die Kinder ab dem Halbjahr der zweiten Klasse Noten. Obwohl in den ersten eineinhalb Schuljahren schon Punkte für die Leistungen errechnet worden waren, wusste ich, dass die Vergabe von Noten einen deutlich größeren Einfluss auf die Kinder haben würde.

Noten verführen noch mehr zum Vergleichen. Sie verdeutlichen jedem Kind auf schonungslose Weise, wo es sich einzuordnen hat – bei den guten oder bei den schlechten. Auch die Eltern reagieren auf Noten anders als auf Punkte. Plötzlich gibt es Belohnungen oder sogar Geld für erbrachte Leistungen. Die Klassenatmosphäre ändert sich. Manche Kinder haben nun Angst vor den Arbeiten/Tests oder bibbern bei deren Rückgabe. Ihr Wert – ihr Selbstwert hängt mit einem Mal von einer Ziffer ab, einer Ziffer zwischen eins und sechs.

Auch ich als Lehrerin litt unter dieser Art der Beurteilung, die ich nicht selten als »Ver-«Urteilung empfand. Ich litt mit bei jeder Träne, die aus Verzweiflung, Enttäuschung oder Angst vergossen wurde.

Da die kultusministeriellen Vorgaben nun einmal nicht zu ändern waren, wollte ich den Kindern zumindest vermitteln, dass jeder von ihnen besondere Fähigkeiten besaß, die niemals benotet würden, aber wichtig und wertvoll waren – oftmals sogar wertvoller als z. B. eine »Eins« in Mathe. Wir machten uns Gedanken, was das sein könnte. Dazu rückten wir alle Bänke so, dass wir kreisförmig saßen. Jedes Kind hatte ein Blatt mit seinem Namen vor sich liegen. Nun wurde jedes Blatt an den linken Nachbarn weitergegeben mit der Aufgabe, für das Kind, dessen Name auf dem Blatt stand, einen Satz zu schreiben. Einen Satz, der eine besondere Eigenschaft oder Fähigkeit dieses Kindes beschrieb.

Als alle ihren Satz aufgeschrieben hatten, wanderte das Blatt zum nächsten linken Nachbarn usw., so lange, bis schließlich das eigene Blatt, beschrieben mit 20, 25, oder sogar 30 Sätzen (je nach Anzahl der Kinder in der Klasse) wieder beim Eigentümer angekommen war. Das war eine langwierige und manchmal nicht leicht zu bewältigende Aufgabe, aber es hatte sich gelohnt. Jeder las seine Sätze durch mit der Aufgabe, sich den Satz, über den man sich am meisten freute, zu markieren. Es gab viele lächelnde und auch fragende Gesichter, wer den einen oder anderen Satz wohl geschrieben habe. Am Ende las jeder seinen Lieblingssatz vor und alle hörten aufmerksam und interessiert zu.

- »Du kannst gut trösten.«
- »Du bist hilfsbereit.«
- »Du kannst Geheimnisse für dich behalten.«
- »Du kannst gut Tore schießen.«
- »Du weißt viele Witze und bist lustig.«
- »Du hast immer gute Laune.«
- »Du merkst sofort, wenn jemand traurig ist.«

Viele Kinder hatten das Bedürfnis, ihr Blatt dem Freund oder der Freundin vorzulesen. Jedes Kind nahm sein Freudeblatt mit nach Hause mit dem Hinweis, es gut aufzubewahren, wie einen Schatz. Auch später benutzten wir diesen »schönsten« Satz immer wieder. Bevor ich z. B. eine Probe zurückgab, ließ ich die Kinder zuerst reihum ihren Lieblingssatz sagen, mit der Erinnerung an all die anderen positiven Dinge, die noch auf ihrem Blatt standen.

Als ich nach Jahren einige dieser früheren Zweitklässler auf einem Klassentreffen wiedersah, erinnerten sie sich noch an diese Sätze. Manche hatten ihren »Schatz« von damals bis zu diesem Tag aufbewahrt.

Die Wunderfrage

Josephine und Olga (beide 3. Klasse) sind dicke Freundinnen. Beide lieben Deutsch und hassen Mathematik. Ihre Lieblingsbeschäftigung ist Geschichtenschreiben, während sie sich vor Mathematik gerne drücken.

Von Pflichtaufgaben abgesehen wählen sich die Kinder in der Montessorischule in der Freiarbeit ihre Lerninhalte selbst aus. Wir Lehrer achten darauf, dass die Aufgaben im Niveau passend gewählt sind, dass Neues dazugelernt wird und dass Mathematik und Deutsch gleichermaßen berücksichtigt werden.

Bei Josephine und Olga mache ich mir Gedanken. Es liegt keine Dyskalkulie vor. Sie üben einfach zu wenig. Ich habe schon vieles probiert, um ihnen dieses Fach näherzubringen, ohne bleibenden Erfolg. Wenn ich nicht konsequent ein Auge auf sie habe, sitzen sie, ehe ich mich versehe, schon wieder über ihrem Geschichtenheft.

Ich beschließe, noch einmal mit ihnen zu reden. Was denn so schlimm an Mathematik sei, will ich wissen. »Es ist einfach langweilig und wir schreiben doch so gerne Geschichten.«

Ich erinnere mich an die »Wunderfrage« von Steve de Shazer und meine: »*Stellt euch vor, heute in der Nacht käme eine Fee zu euch, eine Zauberfee, genauer gesagt eine Mathefee. Während ihr schlaft, zaubert sie euer Matheproblem weg. Woran würdet ihr merken, dass sie gute Arbeit geleistet hat?*«

Die beiden überlegen: »Dass es uns Spaß macht!« »Wenn wir gleich am Anfang der Freiarbeit mit Mathe beginnen würden, ohne zu überlegen.«

Ich: »*Wann darf die Mathefee bei euch auftauchen?*«

Die beiden sehen sich sorgenvoll an. Dann einigen sie sich auf »heute Nacht«.

Nach dem Blick in ihre Gesichter bin ich mir nicht sicher, ob diese Intervention Wirkung zeigen würde. Überzeugt haben sie nicht ausgesehen.

Am nächsten Morgen zücken sie als Erstes ihr Geschichtenheft. Mit einem inneren Seufzen begebe ich mich an ihren Tisch. Sie empfangen mich mit den Worten: »Wir schreiben nur noch diese eine Geschichte, okay?« Ich willige ein. Als ich ihre Geschichte dann in den Händen halte, staune ich nicht schlecht.

Abb. 29: Die Mathefee

Tatsächlich, die Mathefee ist wirklich in dieser Nacht gekommen. Nach ihrer Geschichte setzen sich beide Mädchen ohne Erinnerung meinerseits an ihre Mathematikaufgaben. Und die nächsten Tage auch. Sie finden Inhalte, die ihnen interessant genug erscheinen. Zwischendurch ist sogar Freude beim Arbeiten erkennbar.

Die beiden wurden zwar bis zum Ende ihrer Grundschulzeit keine Mathematikfreaks, aber ich musste nicht mehr hinterher sein und sie kontrollieren. Im Laufe der 4. Klasse war alles selbstverständlich geworden.

So kann ich mich schützen – Schutzschilde zeichnen

Immer wieder einmal kommen Klagen von den Kindern, dass sie von anderen geärgert, bedrängt oder manchmal sogar erpresst würden. Wir sprechen dann darüber, wie und wo sie sich Hilfe holen und welche Handlungsstrategien sie sich selbst aneignen können, um solchen Situationen besser gewachsen zu sein.

In einem dieser Gespräche äußert ein Kind den Wunsch, es hätte einen unsichtbaren Schutzschild. Bei Bedarf solle er aktiviert werden können, sodass der »Gegner« keine Chance hätte, mit seinen Angriffen (ob verbal oder tätlich) durchzukommen. So einen Schutz wünschen sich viele Kinder.

Innere Bilder besitzen eine große Kraft! Mir geht es nun darum, den Kindern zu helfen, sie sichtbar und spürbar zu machen. Also gestalten sie ihre inneren Bilder dieser Schutzschilde, beschreiben und erklären sie.

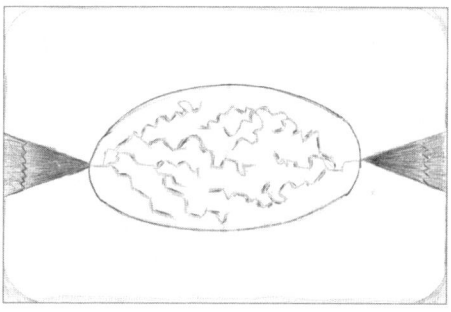

Abb. 30: »An der Seite sind zwei Stahlspitzen. Sie sprühen Blitze hin und her, sodass nichts mehr zu mir durchdringen kann.«

Abb. 31 und Abb. 32: Diese beiden Kinder haben ihre Krafttiere auf ihr Schild gemalt. »Meine Krafttiere schützen mich.«

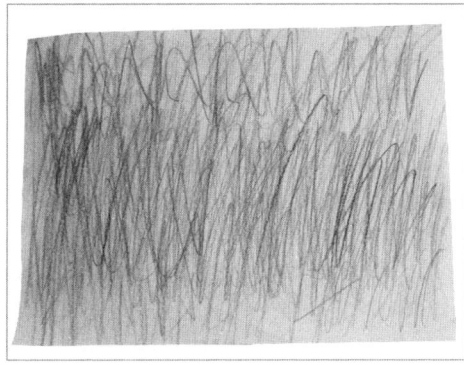

Abb. 33: »Das ist ein völliges Chaos. Durch dieses Labyrinth findet nichts und niemand durch.«

Aus verschiedenen anderen Übungen wissen die Kinder, dass sie die Kraft ihres Bildes auch körperlich spüren können, indem sie sich mit geschlossenen Augen darauf stellen, sich ganz auf das aufkommende Gefühl konzentrieren und folgende Fragen für sich beantworten:

»Wie stehst du? Sicher oder wackelig? Aufrecht oder gebeugt?«

»Ist es angenehm oder unangenehm auf deinem Bild?«

»Spürst du die Kraft deines Schutzschildes oder hast du das Gefühl, es braucht noch etwas, damit er dich gut schützen kann?«

(Eine Technik aus dem NIG, siehe Literaturliste unter Eva Madelung und Barbara Innecken.)

Die Kinder berichten über ihre Empfindungen. Manche ergänzen ihr Bild und stellen sich nochmals darauf. Ich halte es für hilfreich, die Kinder ihr Bild in eine passende Entfernung von sich legen zu lassen.

»Wie weit willst du deinen Schutzschild von dir entfernt haben?«

»Wie nah willst du den ›Gegner‹ an dich herankommen lassen? Wie viel Sicherheitsabstand brauchst du?«

Das soll jedes Kind nun auch ausprobieren. Wir bilden eine Sitzgasse. Die Kinder kommen einzeln dran. Das jeweilige Kind stellt sich an den Anfang der Gasse und legt sein Schutzbild in die richtige Entfernung vor sich auf den Boden. Das sind bei den meisten Kindern ca. 2–3 Meter. Ein anderes Kind stellt sich als vermeintlicher Gegner hinter das Schutzbild. Viele Kinder verändern daraufhin nochmals die Entfernung. Durch die sichtbar gemachte »Bedrohung« entsteht das Bedürfnis, den Schild noch weiter von sich weg zu platzieren und so mehr Raum zwischen sich und den anderen zu bringen. Die ausgestreckten Arme mit den aufgestellten Handflächen oder die vor der Brust verschränkten Arme dienen als körperliche Unterstützung.

Die Kinder sind sehr konzentriert bei der Sache. Ich lasse ihnen Zeit, den richtigen Abstand für ihr Schutzbild zu finden und Bild, Entfernung und Armhaltung zu verinnerlichen.

Natürlich wollen sie ihr Bild mit nach Hause nehmen. Manche wollen es sich über ihr Bett hängen, um es vor Augen zu haben. Ein Kind hat die Idee, es in der Hosentasche bei sich zu tragen.

Einige Tage später gibt es tatsächlich für zwei Jungen die Gelegenheit, die Kraft ihres Schutzschildes zu testen. Sie werden von einem älteren Schüler dazu genötigt, Peter, einen ihrer Mitschüler, zu hänseln. Die zwei Buben wollen das nicht, haben aber Angst, körperlich angegangen zu werden, wenn sie sich weigern. Wir überlegen Lösungsmöglichkeiten. Der eine Junge will sich zur Wehr setzen und dem Größeren seine Meinung sagen. Gleichzeitig äußert er Zweifel, ob er sich das trauen würde. Ich erinnere ihn an seinen Schutzschild. Ob der eine Hilfe für ihn sein könnte? Der Schüler hält einen Moment inne, richtet sich auf und sagt mit kräftiger Stimme: »Ja, das mache ich!« Und zu seinem Freund gewandt: »Und wenn wir zusammenhalten, dann traut er sich nicht!«

Einige Tage später berichtet er freudestrahlend von seinem Erfolg: »Ich habe dem Florian gesagt, dass wir nicht mehr machen werden, was er sagt, und dass wir das auch gemein gegenüber dem Peter finden. Dabei habe ich immer an mein Schutzbild gedacht. Da hat der Florian gesagt, er hört damit auf, und hat sich auch noch bei uns entschuldigt.«

Franco erzählt ebenfalls von der hilfreichen Wirkung seines Schutzschildes:

»Meine große Schwester meckert beim Essen ständig an mir herum. Da habe ich in meiner Fantasie einfach meinen Schutzschild vor mich gestellt. Nach einer Weile hat sie aufgehört.«

Ob die Schwester tatsächlich ihr Verhalten geändert hat oder es von Franco subjektiv so empfunden worden war, ist meines Erachtens unerheblich. Entscheidend ist, dass Franco sich handlungsfähig erlebt hat. Er hat aktiv für sein Wohlergehen gesorgt und damit die übliche Eskalation verhindert.

Mutsteine

Anlass zu diesem Projekt war die bevorstehende Fahrradprüfung, die bei den Viertklässlern für Aufregung sorgte. Immer wieder kamen bei ihnen Bedenken auf, ob sie die Prüfung schaffen würden.

Sie äußerten: »Ich habe Angst!«, »Ich schaffe das nicht!«, »Was ist, wenn ich durchfalle?«

Also machten wir uns Gedanken über stärkende und schwächende Sätze. Wir suchten Beispiele für die eine und die andere Kategorie und spürten den unterschiedlichen Wirkungen nach. Ich erklärte, dass es nicht genügt, aus dem Satz »Ich habe Angst« den Satz zu formulieren »Ich habe keine Angst«. Denn vom Unbewussten werden Negationen wie »nicht« und »keine« nicht erkannt. Es, das Unbewusste, tut so, erklärte ich, als wären sie nicht gedacht oder ausgesprochen worden. So kommt der Satz »Ich habe keine Angst« in unserem Unbewussten an als »Ich habe Angst«.

Die Kinder hörten aufmerksam zu und formulierten ihre Sätze um oder neu:

- Ich schaffe das!
- Ich erreiche mein Ziel!
- Ich kann das!
- Ich glaube an mich!
- Ich bin sicher!
- Ich habe Vertrauen in mich!
- Ich weiß, was ich kann!

Dann ging es ans Sammeln der Steine am nahe gelegenen Fluss. Sollte der Mutstein in der Hosentasche getragen werden oder im Federmäppchen seinen Platz finden oder auf dem Schreibtisch liegen?

Wieder im Klassenzimmer wählte jedes Kind aus dem großen Angebot der Mutsätze drei Sätze aus. Wenn noch ein ganz individueller Satz gefunden wurde, oder nur ein Wort genau das aussagte, was gefühlt wurde, umso besser. Alles, was stärkte, war erlaubt.

Für den Mutstein sollte nun die stärkste Formulierung ausgewählt werden und zwar allein durch das Gespür. Jedes Kind schrieb seine drei ausgewählten Sätze (Wörter) einzeln auf drei DIN-A5-Blätter, die umgedreht (leere Rückseite nach oben) nebeneinander auf den Boden gelegt wurden, und stellte sich nacheinander auf jedes seiner Blätter.

Auf welchem fühlte es sich am besten, am sichersten, am wohlsten? Der Text auf diesem Blatt war nun der ganz persönliche Mutsatz geworden und würde als Aufschrift den am Flussufer gefundenen Stein zum Mutstein machen.

Manche Kinder staunten über ihre unterschiedlichen Gefühle auf den verschiedenen Zetteln.

- »Bei *meinem* Satz hatte ich das Gefühl, ich würde schweben. Die beiden anderen fühlten sich an, als würde ich in einen Graben fallen.«
- »Der Satz ›Ich erreiche mein Ziel‹ war der einzige, bei dem ich mich stark gefühlt habe. Ich war richtig fest auf dem Boden. Bei den anderen habe ich gewackelt.«
- »Beim ersten Satz hat es sich wie Winter angefühlt. Beim zweiten Satz war ich im Urlaub in Korsika. Und der dritte war wieder kalt. Ich konnte mich aber nicht entscheiden und hab es noch mal ausprobiert. Und dann habe ich mich für den zweiten Satz entschieden.«
- »Bei zwei Sätzen wurde mir schwindlig. Bei dem dritten ist irgendwie ein Strom durch mich durchgegangen und ich stand dann ganz fest. Als ich das Blatt umgedreht habe, stand ›Mut‹ darauf. Das war schon von Anfang an mein Lieblingswort.«

Ein Kind hatte den Satz »I am good« als besten Satz erspürt. Ich war etwas überrascht, denn ich dachte, dass man seine Gefühle vor allem in seiner Muttersprache ausdrückt. Dieser Schüler hatte die ersten vier Lebensjahre in Amerika gelebt. Vielleicht lag da der Grund!

Nun ging es ans Gestalten der Steine. Jeder schrieb seinen Mutsatz zuerst mit Bleistift auf den Stein. War die Einteilung der Fläche gelungen, wurde mit wasserfestem Folienstift nachgeschrieben und vielleicht eine Verzierung angebracht. Nachdem die Steine auch noch mit Olivenöl eingerieben worden waren, veränderten sich die Farben. Das gefiel den Kindern gut.

Alle Kinder äußerten sich begeistert über diese Aktion.

Einige Kinder hatten ihren Stein während der Fahrradprüfung in der Hosentasche. Ein Mädchen sagte, sie hätte in der Prüfung öfter an ihren Satz gedacht. Alle Kinder haben die Prüfung erfolgreich gemeistert.

Abb. 34 und Abb. 35: Mutsteine der Kinder

Bei manchen bekam der Stein einen Platz im Schulranzen: »Dann habe ich ihn immer zur Hand, wenn ich ihn brauche.« Oder auf dem Schreibtisch: »Ich benutze ihn im Notfall.«

Ein Kind berichtete: »Einmal musste ich in den Keller gehen, um etwas zu holen. Ich habe meinen Mutstein mitgenommen. Es war zwar immer noch gruselig, aber ich hatte weniger Angst.«

7 Ich komme nicht allein in die Schule – die Eltern gehören dazu

Einbindung der Eltern

Ein Großteil der Lehrer kommt mit dem Unterricht und den Schülern an sich gut zurecht. Wären da nicht die Eltern! So manchem Lehrer wären »elternlose« Schüler lieber. Dies ist manchmal auch nicht verwunderlich, denn die elterliche »Kultur« des Kritisierens, Herummäkelns und Einmischens in die Arbeit des Pädagogen nimmt inzwischen, zumindest an staatlichen Schulen, erstaunliche Ausmaße an.

»Warum?«, fragt sich so mancher Lehrer. »Ich tue sowieso schon alles mir Mögliche, und trotzdem kann ich es den Eltern nicht recht machen.«

Vielleicht hilft ein Perspektivenwechsel. Stellen wir uns doch einmal auf die andere Seite – die Seite der Eltern. Für sie sind ihre Kinder das Liebste, was sie haben. Sie haben ihnen das Leben geschenkt, sie umsorgt und gepflegt, ihnen zuliebe Entbehrungen in Kauf genommen, Sorgen und Ängste durchgestanden, ihre eigenen Interessen zurückgestellt – all das, weil ihre Kinder für sie das Wichtigste sind, das, was ihnen am meisten am Herzen liegt.

Sie wünschen sich, dass ihre Kinder sich gut entwickeln, zu verantwortungsvollen, selbstbewussten, fröhlichen Mitmenschen heranwachsen, die mit sich und anderen gut zurechtkommen und Fähigkeiten und Fertigkeiten erwerben, um im Leben und in der Arbeitswelt bestehen zu können.

Nun kommt ihr Kind in die Schule, in eine Institution, die sicher nicht alle in guter Erinnerung haben. Ihnen fremde Personen (Lehrer) haben Einfluss auf ihr Kind. Sie vermitteln Ansichten und Werte, die vielleicht nicht mit ihren eigenen übereinstimmen. Sie handeln auf eine Weise, die ihnen möglicherweise widerstrebt – und das sechs Stunden oder mehr am Tag. Vielleicht erleben Eltern auch, dass sie mit ihrer Erziehungsarbeit nun auf dem Prüfstein stehen. Schließlich haben sie es in der Schule mit »Fachleuten« zu tun.

Manchmal meinen Lehrer ja tatsächlich, mit den Kindern besser umgehen zu können und vieles besser zu wissen als die Eltern, vor allem dann, wenn sie den Eindruck haben, dass in der Familie etwas aus dem Ruder läuft. Wenn ein Kind schwierig, aggressiv oder traurig ist. Wenn es einsam zu sein scheint. Wenn wir Mitleid mit ihm haben, weil es auf uns vernachlässigt wirkt. Dann meint es der Lehrer besonders gut mit dem Kind, will ausgleichen und ausbessern. Das spricht zwar für das Herz und das Engagement des Pädagogen, aber gleichzeitig vermittelt er den Eltern: »Ich kann es besser als du!« Der Pädagoge stellt sich also mit dieser Haltung über die Eltern.

Ist es da nicht verständlich, wenn bei den Eltern Unsicherheiten, Ängste und vielleicht auch Zorn hochkommen?

In dem Moment, in dem Eltern ihr Kind an der Schultüre abgeben, vertrauen sie uns ihr Liebstes an. Wie können wir Lehrer uns dieses Vertrauens nun würdig erweisen?

Vertrauen entsteht durch Kontakt, durch gegenseitige Achtung und gegenseitige Wertschätzung. Wie wäre es, wenn wir Lehrer den Eltern mit der inneren Haltung begegneten (oder es ihnen bei Gelegenheit auch sagten): »Danke, dass ihr mir euer Kind anvertraut. Ich achte euch als Eltern und sehe, was ihr eurem Kind Gutes mitgegeben habt«?

Wenn wir dann noch den Mut fänden, Eltern in der Schule, in der Klasse willkommen zu heißen, ihnen vielleicht Einblick zu gewähren durch die Möglichkeit der Hospitation oder sie aktiv mit einzubinden, dann wäre das Eis gebrochen und der Grundstein für gute und friedliche Zusammenarbeit gelegt. Je klarer das Schulgeschehen für die Eltern wird, desto mehr Vertrauen kann sich aufbauen und desto mehr Verständnis wird der Arbeit des Lehrers entgegengebracht. Auch die Kinder fühlen sich aufgehoben. Denn sie leiden unter den Machtkämpfen der für sie wichtigsten Menschen. Sie stehen zwischen den Fronten. Auf der einen Seite lieben sie ihre Eltern und wollen loyal zu ihnen halten, auf der anderen Seite müssen sie am Schulvormittag mit ihrem Lehrer auskommen. Gelingt ihnen das gut oder empfinden sie sogar noch Sympathie für ihre Lehrkraft, dann kommen sie in einen Loyalitätskonflikt mit ihren Eltern, die ja auf den Lehrer schimpfen und ihn kritisieren.

Was hindert Lehrer daran, ihr Klassenzimmer zu öffnen und die Eltern einzubinden? Ist es die Sorge vor zu viel Einblick in ihr Wirken und Tun? Ist es die Angst vor Kritik oder davor, angreifbarer zu werden? Es lohnt sich, darüber einmal nachzudenken.

Auch ich hatte diese Scheu und mache nun schon viele Jahre die Erfahrung, wie hilfreich, bereichernd, wohltuend und unterstützend die Einbeziehung der Eltern ist. Eltern bringen sich gerne ein, sofern es ihre Zeit erlaubt. In einigen seltenen Fällen sind Eltern übereifrig und zu begeistert von ihren Vorhaben und Ideen. Dann ist es natürlich die Verantwortung und Pflicht des Lehrers, eine Grenze zu ziehen, denn er kennt die Klasse und ist zuständig für die Einteilung des Lernstoffs und der Zeit. Wenn die »Dosierung« achtungsvoll und wertschätzend geschieht, gibt es keine Schwierigkeiten. Im Gegenteil! Auch die Eltern fühlen, dass ihr Kind in dieser Klasse gut aufgehoben ist.

Hier einige Beispiele für das Miteinander von Eltern, Klasse und Lehrer:

Eltern-Kind-Freiarbeit: Die Eltern hinter sich spüren

Einmal im Jahr an einem Samstag kommen die Eltern zusammen mit ihren Kindern in die Schule, um gemeinsam zu lernen. Die Kinder zeigen ihren Eltern anhand der Montessorimaterialien, woran sie im Laufe dieses Schuljahres gearbeitet haben und was sie schon können. Die Eltern, die sonst die »Wissenden« sind, werden an diesem Vormittag wieder zu »Lernenden« und lassen sich von ihren Kindern in deren Welt des Lernens mitnehmen, die so ganz anders ist als ihre eigene damals. Eltern und Kinder sitzen nebeneinander auf dem Teppich oder an den Tischen und arbeiten gemeinsam. Die Kinder sind die »Experten«, die den Eltern Zusammenhänge erklären und Einsichten vermitteln.

Abb. 36: Addieren bis zur Milliarde

Abb. 37: Erklärung der Wortarten

Im Abschlusskreis hören die Kinder dann vielleicht: »Jetzt habe ich endlich verstanden, was ein Adverb ist.« Oder: »Ich wünschte, ich hätte Mathe auch so gelernt in der Schule. Dann hätte ich es leichter gehabt.«

Die Eltern sitzen dabei hinter ihren Kindern oder, sofern noch Platz ist, mit im Kreis und die Kinder oft auf deren Schoß. Alle können etwas sagen. Die Kinder sind unbefangener als ihre Eltern. Sie melden sich spontan zu Wort, drehen sich dabei zu ihren Eltern um, schauen sie an und sagen: »Papa, ich fands schön, dass ich dir das ... zeigen konnte.« Oder: »Mama, danke, dass du da warst.«

Anrührende Minuten, in denen nicht nur ich feuchte Augen bekomme.

Im Anschluss an diese zwei Freiarbeitsstunden wird ein Theaterstück aufgeführt, eine Klanggeschichte erzählt, ein kleines Konzert gegeben oder gemeinsam gesungen. An diesem Teil des Tages können auch die Geschwister der Schulkinder und andere Familienmitglieder teilnehmen. Gerne kommen auch Großeltern zu diesen Darbietungen.

Dieser »offene« Samstag ist immer ein ganz besonderer Tag für die Kinder, die Eltern und für uns Lehrer. An diesem Tag werden für mich durch die Anwesenheit der Eltern auf besondere und eindrückliche Weise ihr Wohlwollen, ihre Fürsorge und ihre Liebe zu ihren Kindern spürbar. Dadurch, dass sie sich in ihrer Beziehung zu ihren Kindern wahrnehmen lassen und ich mich in meiner Beziehung zu meinen Schülern wahrnehmen lasse, entsteht gegenseitiges Vertrauen. Um das, was hier miteinander erlebt und gefühlt wurde, zum Ausdruck zu bringen, beschließen wir diesen Vormittag mit einem gemeinsamen Lied. Wir singen es oft im Unterricht.

>»My roots growing deep into the earth.
>My crown reaching high up to the sky.
>And I go my way,
>and I do my things,
>and I am connected to all beings.«

(»Healing-Journey – Heilreise«, CD von Amei Helm)

In den Text führe ich in etwa so ein:

»Das Lied beginnt nicht nur zufällig bei den Wurzeln, die tief im Boden verankert sein sollen. Wurzeln braucht jeder, um fest im Leben stehen zu können, sich gesund und kraftvoll entwickeln zu können und seinen Platz in der Gemeinschaft einnehmen zu können. Diese Wurzeln bekommen die Kinder durch Sie, die Eltern. Sie sind mit ihrer Liebe, ihrer Fürsorge und ihren Halt gebenden Grenzen der nährende Grund. Die Kinder können ihre Persönlichkeit entwickeln oder wie es im Lied heißt: ihre Krone gen Himmel wachsen lassen. Mit Wurzeln und Flügeln kann jeder seinen Weg gehen, die Sachen anpacken, die es im Leben zu bewältigen gilt – immer in der Gewissheit, eingebunden zu sein in eine Gemeinschaft: in die engste Familiengemeinschaft, die Verwandtschaft, den Freundeskreis, eingebunden in die Klassengemeinschaft und letztendlich verbunden mit der Schöpfung.«

Für dieses Lied stellen sich alle Kinder, auch die Geschwisterkinder, in einen Kreis. Die Eltern stehen hinter ihren Kindern und machen die Bewegungen mit, die die Kinder vormachen:

»My roots growing deep into the earth« –

die Hände bewegen sich in Richtung Boden und beschreiben vor den Beinen einen Halbkreis – die Finger wackeln dabei,

»My crown reaching high up to the sky« –

die Arme strecken sich nach oben,

»And I go my way« –

die Hände und Arme werden nach vorne gestreckt und stellen den zu gehenden Weg dar,

»and I do my things« –

die Hände werden zu Fäusten geballt und zu sich hergezogen,

»and I am connected to all beings« –

alle im Kreis fassen sich an den Händen.

Während wir die letzte Zeile singen, halten sich die Kinder an den Händen, und die Eltern legen ihren Kindern die Hände auf die Schultern. Kinder fühlen sich geborgen und kraftvoll, wenn sie ihre Eltern hinter sich wissen. So bekommen sie Halt und Sicherheit.

Auch die Großeltern werden einbezogen. Sie stellen sich wiederum hinter »ihr Kind«, also hinter den Vater oder die Mutter des Schulkindes. So erfahren die Eltern ihrerseits, wie es sich anfühlt, den eigenen Elternteil hinter sich zu spüren, und gleichzeitig, was es für ihr Kind bedeutet, diesen Halt zu bekommen.

Wir singen das Lied einige Male. Ich spüre die Kraft und Verbundenheit von Eltern und Kindern und bin immer wieder tief berührt und ergriffen.

Abb. 38: Beim Lied »My roots« stehen die Eltern hinter ihren Kindern

Auf einem späteren Elternabend erzählte eine Mutter, wie kraftspendend und schön es für sie gewesen war, ihre Mutter hinter sich zu spüren. Das hätte sie so noch nie erlebt.

Bastelvormittage mit Eltern
Eigentlich haben sie sich durch Zufall ergeben. Inzwischen sind sie ein wertvoller Bestandteil in jedem Schuljahr geworden.

Vor Jahren traf ich eine Schülermutter und bewunderte ihre Filztasche mit all den hübschen Verzierungen. Ich wollte wissen, ob die Technik des Filzens kompliziert oder ob sie für Kinder geeignet sei. Sie bot an, in die Klasse zu kommen und es mit den Kindern auszuprobieren. Es sollte mehrere Parallelangebote geben, eine bunte Auswahl für kleine Arbeitsgruppen.

Ich verfasste einen Elternbrief:

> *»Liebe Eltern,*
> *der Advent naht und damit auch die Zeit des Bastelns.*
> *Dieses Mal bitte ich Sie um Ihre Unterstützung.*
> *Ich alleine kann immer nur eine oder maximal zwei Basteleien gleichzeitig anbieten. Wenn es aber mehrere Angebote gäbe, würden die einzelnen Bastelgruppen entsprechend kleiner werden, und die Kinder hätten eine vielfältigere Auswahl.*
> *Das Vorhaben funktioniert folgendermaßen:*
> *Wer Zeit und Lust hat, mit den Kindern zu basteln, macht ein Angebot auf dem nachfolgenden Abschnitt. Das Vorhaben würde am ... von ... bis ... stattfinden, mit Pause dazwischen. Das benötigte Material sollten Sie selbst mitbringen. Die Kosten werden von der Klassenkasse übernommen. Gut wäre auch ein Beispielexemplar, damit sich die Kinder ein Bild davon machen können, wie die Bastelarbeit aussieht.*
> *Wir freuen uns über Ihre Rückmeldung.«*

Der Vormittag wurde ein voller Erfolg. Ich hatte keinerlei Stress, wenig Vorbereitung, und Kindern und Eltern hat das gemeinsame Arbeiten viel Freude gemacht. Bei der üblichen Abschlussrunde wurde das auch von allen Seiten zum Ausdruck gebracht.

Die Eltern wollten jederzeit gerne wieder mitmachen. Ich solle doch auch ein Oster- oder Frühlingsbasteln anbieten. Das überraschte und freute mich. Ich war bei meinen Planungen nicht sicher gewesen, ob meine Bitte um Mitarbeit nicht als unangemessen empfunden werden würde. Durch das gleichbleibende Interesse der Eltern an den Basteltagen verlor ich aber meine Zweifel.

Die Eltern tragen gern zum Wohle der Klassengemeinschaft bei, bekommen Einblick ins Schulleben und die »Arbeitsstätte« ihrer Kinder, beobachten deren Umgang untereinander und mit mir, und sie genießen die Freude der Kinder, die sich ihrerseits über die anwesenden Eltern freuen.

Die Kinder wünschen sich solche Vormittage immer wieder, weil sie viele Anregungen bekommen, fast »individuell« betreut werden und schöne Bastelarbeiten mit nach Hause nehmen können.

Und der Gewinn für mich? Ein entspannter Vormittag, Zuwachs an elterlichem Vertrauen in meine Arbeit und mein Wirken und immer wieder Unterstützung von ihnen bei den verschiedenen Projekten.

Fähigkeiten der Eltern nutzen

Ich habe festgestellt, dass die Öffnung nach außen viele Überraschungen bereithält.

So helfen Eltern z. B. gerne bei der Herstellung von Arbeitsmaterial (z. B. für die Freiarbeit oder für ein Projekt). Es ist erfreulich und ermutigend zu erfahren, wie viel Bereitschaft dafür vorhanden ist und wie viel Unterrichtsmaterial an einem Nachmittag hergestellt werden kann.

Unter der Elternschaft sind oft »Fachleute«, die gerne die eine oder andere handwerkliche Arbeit übernehmen. So verdanken wir unseren Geburtstagsjahreskreis (s. Abb. 13 im Abschnitt »Geburtstage feiern«) einem Schreinervater, der ihn für uns ausgesägt und abgeschliffen hat und der von zwei Müttern nach meinen Vorgaben bemalt wurde.

Auch kommen inzwischen Eltern von sich aus auf mich zu und fragen, ob sie sich mit einem Vorhaben in die Klasse einbringen können.

Das Waldprojekt

Zwei Mütter boten an, mit den Kindern Baumscheiben aus verschiedenen Hölzern zu bearbeiten und Anhänger damit zu gestalten. Sie organisierten den Vormittag, lasen eine zum Thema passende Baumgeschichte vor, erzählten Interessantes zu den verschiedenen Bäumen, von denen die Baumscheiben stammten, schliffen, ölten und bohrten zusammen mit den Kindern. Es entstanden Kunstwerke, die manche Kinder ihren Eltern als Geschenk überreichten.

Abb. 39: Ein von den Eltern reich gedeckter »Tisch«

Abb. 40: Austausch über die Kunstwerke

Das Teichprojekt

Einer unserer Schülerväter ist Fischbiologe. Er hatte von der Gemeindeverwaltung den Auftrag, einen kleinen See in dem Naherholungsgebiet des Ortes zu untersuchen und die Ergebnisse auszuwerten. Er bot an, die Klasse in dieses Projekt einzubinden. Das passte zu unserem aktuellen Thema »Wasser«. Die Kinder zeichneten und bestimmten die Wasserinsekten im Teich, lernten Kriterien zur Bestimmung der Wasserqualität kennen, maßen in regelmäßigen Abständen die Wassertemperatur (übten damit den Umgang mit dem Thermometer), zeichneten und interpretierten Diagramme, lernten unter Anleitung des Fachmannes wissenschaftliches Arbeiten kennen, zeichneten Pläne vom Weg der Schule zum Teich (Kartenarbeit), erkundeten anhand eines Bilderrätsels die Umgebung des Teichs und vieles mehr.

So macht Schule Freude: praxisnahe Lerninhalte, vielfältige Arbeitsweisen und Materialien, Motivation durch sinnvolle »echte« Aufgaben, Unterricht vor Ort, Arbeit im Team und die Begegnung mit Fachleuten und deren Berufen. Welch eine Fülle, die wir dem Engagement und den Fähigkeiten der Eltern verdanken!

Mit diesen Beispielen möchte ich Ihnen Mut machen, sich auf das »Wagnis Eltern« einzulassen. Sie werden reich beschenkt werden.

Die Familie des Kindes als Unterrichtsthema

Mein Weg in die Welt – die Geburt

Anlass war die Geburt eines Geschwisterchens. Gabi erzählte, welche Aufregung in den Tagen vorher in der Familie zu spüren gewesen war. Es konnten keine Vorhaben mehr geplant werden, weil der Geburtstermin nahe gerückt war. Gabi und ihre Geschwister wurden zweimal spontan von der Oma betreut, weil Mutter und Vater in die Klinik fahren mussten, zum Bedauern aller aber ohne Geschwisterchen wiederkamen. Und dann endlich der Tag, an dem es wirklich so weit war. Auch andere Kinder wollten erzählen, was sie von ihrer eigenen Geburt wussten. Es sprudelte nur so aus ihnen heraus, und ihre Augen leuchteten.

- »Bei mir war auch der Papa dabei und hat meiner Mama geholfen.«
- »Meine Tante hat meine Geburt gefilmt. Aber am Ende ist die Batterie ausgegangen und meine Mama hat gesagt, ich wollte wohl nicht gefilmt werden.«
- »Ich bin zu Hause auf die Welt gekommen. Das Bett haben wir heute noch.«

Ein Kind erzählte, dass es in der Badewanne auf die Welt gekommen sei. Das löste Staunen und Kichern aus. Die unterschiedlichsten Vermutungen wurden angestellt, weil Fabienne die Gründe nicht kannte. Auch über Aussagen wie »Ich war zwei Tage über dem Termin«, »Ich wollte nicht aus Mamas Bauch, deshalb haben sie mich mit irgendeiner Maschine herausgezogen«, gab es keine klaren Vorstellungen. Natürlich war es nicht meine Aufgabe, sie darüber aufzuklären, aber die Fürsorge und Liebe ihrer Eltern ins Bewusstsein zu rücken, das konnte ich vertreten.

So erzählte ich: »Jede Mama macht sich Gedanken um die Geburt ihres Kindes. Sie überlegt, wie du möglichst sanft und sicher auf die Welt kommen kannst. Schließlich hat sie dich neun Monate im Bauch getragen und alles getan, dass du gesund in ihrem Bauch heranwachsen konntest. Du bist ihr das Liebste gewesen, und zusammen mit deinem Papa wollte sie nur das Beste für dich.«

Ein Kind fragte, ob es ein Bild von sich als Neugeborenem mitbringen durfte. Die Idee gefiel mir. Alle sollten zusammen mit ihrer Mama oder ihrem Papa ein Bild heraussuchen und mitbringen. Ich ermunterte auch die Kinder, die nichts erzählt hatten, nachzufragen, wo sie auf die Welt gekommen sind, wer dabei gewesen war und was Mama und Papa gefühlt hatten, als sie sie das erste Mal in den Armen hielten.

Schon vor Unterrichtsbeginn wurde ich von den Kindern regelrecht belagert. Fast alle hatten ein oder mehrere Fotos dabei, wollten sie unbedingt sofort zeigen und dazu erzählen. Sie mussten sich bis zur »offiziellen« Gesprächsrunde gedulden, in der dann reges Interesse herrschte, viele Fragen gestellt, Kommentare abgegeben und aufmerksam zugehört wurde:

- »Oh, bist du da süß!«
- »Du schaust ja deiner Schwester total ähnlich.«
- »Wer hält dich da auf dem Arm?«

Auch hatte ich einen kleinen Text für einen Eintrag ins »ICH-Heft« entworfen.

Abb. 41: Mein Weg in die Welt (siehe auch Abb. 42)

Die Kinder klebten Text und Bilder ein und schrieben eigene Sätze zu ihrer Geburt.

Abb. 42: Hefteintrag: Mein Weg in die Welt (siehe auch Abb. 41)

Papa und Mama

Nun lag es nahe, gleich das Thema »Papa und Mama« anzuschließen. Die Kinder brachten Bilder von ihren Eltern mit: Hochzeitsfotos, Bilder, auf denen die Eltern noch jünger waren, aktuelle Fotos. Wir betrachteten sie, stellten Fragen und ließen uns berichten. Wie heißen die Eltern? Wie alt sind sie? Wie haben sie sich kennengelernt?

Wir lauschten dem Lied »Menschenjunges« von Reinhard Mey. Er singt davon, wie er nach der Geburt seines Sohnes an der Wiege steht, über dessen Leben und Zukunft nachdenkt und über seine Wünsche für dieses kleine Kind. Die Klasse summte bald leise den Refrain mit:

> »Menschenjunges, dies ist dein Planet,
> hier ist dein Bestimmungsort, kleines Paket,
> freundliches Bündel, willkommen, herein!
> Möge das Leben hier gut zu dir sein.«

Die Kinder dachten an ihre Eltern.

»Was wünscht sich meine Mama wohl für mein Leben? Und was mein Papa?«

- »... dass ich glücklich werde.«
- »... dass ich gesund bin.«
- »... dass es mir gut geht.«

Daraus entstand ein Hefteintrag: Mama und Papa an der Wiege stehend mit den Wünschen in Form von Gedankenblasen.

Abb. 43: Hefteintrag: Wünsche von Mama und Papa für mein Leben

Das Thema »Mama und Papa« mit den vielen Fotos schien unerschöpflich. Es wurden Ähnlichkeiten entdeckt und gleiche Begabungen geäußert:

- »Ich hab die gleichen blauen Augen wie mein Papa.«
- »Meine Mama sagt, das Klavierspielen hab ich von ihr.« ...

Auch Oma und Opa kamen ins Blickfeld.

Ein Kind brachte eine CD mit. Wir hörten das Lied »Mama und Papa« von Lex van Someren. Obwohl der Text insgesamt wohl für Erwachsene gedacht ist, verstanden die Kinder die Kernaussage:

»Das größte Geschenk von Mama und Papa ist mein Leben.«
Und ein Junge meinte nachdenklich:
»Eigentlich müssten wir auch Oma und Opa danken!«

Da war etwas angekommen! Er hatte über seine Eltern hinausgedacht und einen größeren Zusammenhang hergestellt. Das Gespräch nahm eine fast philosophische Richtung. Die Gedanken gingen zurück zu den Urgroßeltern und den weit entfernten Ahnen. Alle mussten doch dann eigentlich irgendwie miteinander verwandt sein. Es schwang ein Hauch von Ehrfurcht in dieser Erkenntnis mit. Das wollte ich durch die Aufstellung einer Ahnenreihe veranschaulichen und vielleicht bewahren helfen.

Abb. 44: Vorderer Kegel = Kind, linke Seite = Ahnenreihe des Vaters, rechte Seite = Ahnenreihe der Mutter (Die Männer der väterlichen Ahnenreihe haben eine andere Farbe als die Frauen. Auch bei der mütterlichen Ahnenreihe unterscheiden sich Männer u. Frauen farblich.)

Wir zählten die Personen und stellten fest, dass jeder, wenn er nur vier Generationen zurückdenkt, also bis zu den Ururgroßeltern, bereits 30 Menschen sein Leben verdankt. Bei 8 Generationen wären es schon über 250 Menschen und bei 20 Generationen bereits über eine Million. Die Zahlen brachten die Kinder zum Staunen und manche berechneten später sogar die Anzahl der Menschen in den verschiedenen Generationen.

»Wären sich nur zwei von ihnen nicht begegnet, dann wärst du jetzt nicht auf der Welt. Sicher haben deine Ahnen auch schwere Zeiten durchgemacht und vielleicht Schlimmes erlebt, aber das Leben hat ihnen genug Kraft gegeben, neues Leben zu schenken, bis schließlich auch du dein Leben bekamst.«

Die Unterrichtsstunde beschlossen wir mit einer Fantasiereise. Die Kinder stehen in Gedanken ihren Eltern gegenüber und sehen sie an. Dann kommen die Großeltern dazu und stellen sich hinter ihre Kinder, dann die Urgroßeltern und viele Generationen davor. Schließlich stehen die Kinder vor einer unendlichen Menschenzahl, vor der sie sich verneigen, um sich bei ihnen für ihr Leben zu bedanken.

(Anmerkung: Wichtig ist, dass die Ahnen als junge Menschen in der Fantasie der Kinder erscheinen – sonst kann leicht ein Unbehagen entstehen.)

Die Mutter eines Schülers erzählte mir, dass ihr Sohn eines Tages vor ihr stand, sie ansah und ganz ernst zu ihr sagte: »Ich wollte dir mal danken, weil von dir hab ich das größte Geschenk bekommen, nämlich mein Leben.«

Die Mutter hatte Tränen in den Augen, als sie mir das erzählte.

Abb. 45: Hefteintrag: Meine Ahnen

In einer anderen Stunde fragte ich die Kinder:

- »Wenn du selbst einmal Kinder hast, was machst du genauso wie deine Mama oder dein Papa?«
- »Und was machst du einmal anders als Mama oder Papa?«

Die Kinder gingen in einen regen Austausch, bei dem auch Äußerungen wie z. B. »Ich würde meinem Kind schon mit sechs Jahren ein Handy kaufen« eifrig und sehr kontrovers diskutiert wurden.

Meine Geschwister

Geschwister spielen eine wichtige Rolle im Leben eines Kindes. Sie werden geliebt und gehasst, beneidet und bewundert, sind Spielpartner und Streitobjekt.

Jedes Kind hat eine bestimmte Stellung in der Geschwisterreihe, die es für sein Leben prägt: Erstgeborenes, »Nesthäkchen«, »Sandwich-« oder Einzelkind. Es gibt Halbgeschwister, die vielleicht nicht mit in der Familie des Kindes leben, tot geborene oder früh verstorbene Geschwister oder erwachsene Geschwister, die das Elternhaus bereits verlassen haben. Manche haben auch Adoptiv- oder Pflegegeschwister.

Immer wieder erhitzen Streitereien mit den Geschwistern die Gemüter der Kinder. Meine Absicht war es, den Kindern Raum zu geben für ein Thema, das sie oft beschäftigte, manchmal auch belastete und das selten die Bedeutung im Unterricht bekommt, die es für die Kinder hat. Es geht hierbei um das Reflektieren der eigenen Rolle in der Geschwisterreihe, um den Perspektivenwechsel, um das Einfühlen in die Position der Geschwister und das Bewusstsein dafür, dass jede Stellung in der Geschwisterreihe seine Vor- und Nachteile hat.

Anschauungsmaterial in der Kreismitte waren die Plättchen mit einer blauen und einer roten Seite aus dem Mathematikmaterial. Jedes Kind nahm so viele Plättchen, wie es Geschwister hatte und ein Plättchen für sich selbst. Die Kinder legten die Plättchen in einer Reihe vor sich hin. Dabei stand die rote Seite für sie selbst und die blaue für die Geschwister. Für Halbgeschwister halbierten wir die Plättchen. Intuitiv wurde das die eigene Plättchen an die »richtige« Stelle gelegt: erst- und letztgeborene Kinder setzten ihr rotes Plättchen an den Anfang oder das Ende der Reihe, mittlere legten es in die Mitte.

Die Kinder erklärten ihre Geschwisterreihe, nannten das Alter der Geschwister, erwähnten Halbgeschwister, sagten, wer oder wer nicht in der Familie lebt, und zeigten dabei auf das jeweilige Plättchen. »Das ist mein Halbbruder Florian. Er ist schon erwachsen und lebt nicht bei uns. Das bin ich und das ist meine kleine Schwester Inge. Sie ist zwei Jahre alt.«

Manche berichteten von ihrem Verhältnis zu ihren Geschwistern, ob sie sich von den älteren Geschwistern schlecht behandelt fühlten und von den jüngeren genervt waren, ob die Eltern Partei ergriffen für die Kleinen und wann sie selbst in Schutz genommen wurden. Es gab ein reges Erzählen und Nachfragen. Alle waren begeistert und motiviert. Die Hausaufgabe lautete: Fotos von den Geschwistern und sich mitbringen, mit der Erlaubnis, diese für einen Hefteintrag verwenden zu dürfen.

In der nächsten Stunde betrachteten wir die Geschwisterfotos. Die Kinder bemerkten Ähnlichkeiten im Aussehen der Geschwister untereinander und im Vergleich zum Mitschüler. Es wurde nachgefragt, mit welchem Geschwister man sich am besten und am wenigsten verstünde. Viel wurde über Geschwisterrivalitäten erzählt.

Das nahm ich zum Anlass für eine kleine Übung. Sie ist dem Buch »Einfach systemisch« von Christa Renoldner (2007) entnommen.

Alle Erstgeborenen setzten sich in einen Innenkreis. Die anderen bleiben außen herum sitzen und hören, welche Erfahrungen ihre Mitschüler als älteste Geschwister machen.

Diese berichten von der Verantwortung, wenn sie auf ihre jüngeren Geschwister aufpassen müssen, von der Last, Vorbild sein zu müssen, und dass sie deshalb angehalten würden, keinen Unfug zu machen, von der Ungerechtigkeit, dass sie bei Streitereien oft nachgeben müssen oder die Jüngeren eher Recht bekämen und dass diese auch bei Gesellschaftsspielen immer beginnen dürften, und davon, dass die Kleinen einfach oft nervten. Sie erzählen auch von der Bewunderung, die sie von den Jüngeren ernten, von der Genugtuung, Vorrechte zu haben und von den Eltern mehr zugetraut zu bekommen, und von ihrer Freude darüber, einfach Spielkameraden zu haben.

Nach den Berichten der Ältesten setzen sich die mittleren Geschwister in den Innenkreis, um ihre Erfahrungen auszutauschen, dann die Jüngsten und zum Schluss die Einzelkinder. Was erfahren die Kinder nun Neues oder Interessantes? Dass es keine Geschwisterstellung gibt, die nur Vorteile hat! Auch wenn man sich manchmal wünschte, an einer anderen Stelle in der Reihenfolge zu stehen. Annähernd Einigkeit herrscht darüber, dass es doch schöner sei, Geschwister zu haben, als Einzelkind zu sein – selbst wenn man als Einzelkind mehr Aufmerksamkeit bekommt und nicht alles teilen muss.

Bei unseren Gesprächen kamen die Kinder immer wieder auf die Konflikte mit ihren Geschwistern zu sprechen und auf die vermeintlichen Ungerechtigkeiten.

In Familien und anderen Systemen gibt es in der Tiefe wirksame Grundordnungen. Manchmal entstehen Streitigkeiten dadurch, dass ein Kind diese Ordnung nicht einhält und sich mit seinem Verhalten etwas anmaßt, das ihm nicht zusteht. Auch Geschwisterstreitigkeiten haben ihren Ursprung häufig darin, dass die Rolle des einzelnen Kindes in der Geschwisterreihe nicht klar ist und vielleicht ein Geschwister an eine Stelle rutscht, die ihm nicht gemäß ist. Das kann z. B. der Fall sein, wenn die jüngere Schwester pfiffiger, gewandter oder verantwortungsbewusster ist als ihr älterer Bruder und ihn auch schulisch ein- oder sogar überholt. Bald fühlt sie sich überlegen, bekommt mehr zugetraut und rutscht so unbemerkt von dem zweiten (jüngeren) auf den ersten (älteren) Platz. Verständlich, dass sich der große Bruder in seiner Stellung als Älterer »bedroht« fühlt und seinen Rang zu verteidigen sucht.

Auch in der Schule ist es manchmal so, dass Kinder anderen oder dem Lehrer gegenüber versuchen, eine Stellung einzunehmen, die ihnen nicht gebührt, und sie dadurch anecken.

Eine weitere Übung, die den Kindern ein Gefühl für hilfreiche Ordnungen vermitteln und ihnen die »Kraft der Geschwister« spüren lassen sollte, nannte ich »Familienspiel«, anknüpfend an die Vater-Mutter-Kind-Spiele, die viele Kinder mit Begeisterung spielen. Hierbei ging es jedoch nicht darum, eine andere Rolle zu spielen, sondern nur zu erspüren, wie es ist, eine bestimmte Position in der Geschwisterreihe inne zu haben.

Ein Mädchen, das älteste Kind von fünf Geschwistern, fängt an. Sie wählt Mitschüler aus, die ihre Geschwister »spielen« wollen. Alle stellen sich in eine Reihe: Gabi als die Älteste ganz rechts, das zweite

Geschwister an ihre linke Seite, das nächste wieder links daneben usw.

Dann sagt Gabi: »Ich bin die Erste.« Und zum jüngeren Bruder gewandt: »Ich bin deine große Schwester und du bist mein kleiner Bruder.« Das nächste Geschwister sagt: »Ich bin der Zweite.« Und zu Gabi gewandt: »Du bist meine große Schwester und ich bin dein kleiner Bruder«, usw. bis zum jüngsten Kind. Auf meine Bemerkung, dass jetzt noch jemand fehle, fallen den Kindern sofort die Eltern ein. Zwei Kinder erklären sich bereit, »Papa« und »Mama« zu sein. Auf meine Frage, wo die »Eltern« den besten Platz haben, kommen die Vorschläge »am Anfang der Reihe« und »am Ende der Reihe«. Wir probieren beides aus. Wir stellen die Eltern auch vor die Geschwisterreihe und hinter sie. Auf meine Frage, was sich am besten angefühlt habe, sind sich alle sechs Geschwister einig: Die Eltern sollen vor ihnen stehen und sie anschauen. Auch die Eltern fühlen sich in dieser Position am wohlsten.

Das, was ich schon so oft in Familienaufstellungen erlebt hatte, bestätigten die Kinder durch ihre spontane Reaktion. Nun ließ ich auch die »Eltern« aussprechen, was die Kinder bereits gesagt hatten. Zu dem jeweiligen Kind gewandt sagten sie: »Du bist unser erstes Kind«, »Du bist unser zweites Kind« usw. Als ich »Papa« und »Mama« fragte, wie sie sich fühlten, meinten sie: »Manchmal gehen sie uns schon auf den Zeiger, aber eigentlich sind wir stolz.« Zum Abschluss bat ich die Geschwister, sich in einen engen Kreis zu stellen, sich die Arme um die Schultern zu legen und zu spüren, welche Kraft von den Geschwistern kommt. Dann äußerten sich die Mitspieler:

- Jalina, ein Einzelkind: »Für mich war es ungewohnt.«
- »Es war toll, einmal der Große zu sein. In meiner Familie bin ich der Jüngste.«
- »Es war cool, so viele Geschwister zu haben.«
- »Ich habe mich richtig stark gefühlt.«
- Die »Mama«: »Es ist ganz schön anstrengend, so viele Kinder zu haben.«
- Ganz zum Schluss meldete sich der »Papa« zu Wort. Ihn hatte ein Mädchen gespielt. Sie meinte sehr nachdenklich: »Da hat man ganz schön viel Verantwortung.«

Welch ein Einfühlungsvermögen und welche Klarheit!

Das Interesse an diesem Vater-Mutter-Kind-Spiel war groß. Es fiel auf, dass ausgerechnet die Kinder, die ungewöhnliche Familienverhältnisse hatten (Patchworkfamilie, Halbgeschwister von drei verschiedenen Vätern, Pflegefamilie o. Ä.) sehr gerne drankommen wollten. Sie waren auch die eifrigsten »Mitspieler« in den Familien ihrer Mitschüler. Ich vermute, dass besonders für diese Kinder die sichtbare und auf diese Weise erlebte Ordnung etwas Klarheit in eine oft unbewusst empfundene Verwirrung brachte und sie vielleicht ein bisschen entlastete.

Besonders schön war es zu beobachten, wenn sich zwei Geschwisterdarsteller nebeneinanderstehend anlachten oder spontan ihre Arme umeinander legten. Ich fragte nach, ob sich diese zwei auch in der »echten« Familie gut verstünden. Es wurde immer bejaht. Das fanden die Kinder spannend: Gefühle von anderen Menschen zu spüren, die sie gar nicht kannten.

Manchmal stellten sich Kinder auch spontan abseits von ihrer Geschwisterreihe. Zum Schutz der Kinder und ihrer Familien bin ich auf diese, in Familien möglicherweise spannungsbesetzten Beziehungen, nicht eingegangen. Damit hätte ich meine Grenze als Lehrer überschritten und mich zu sehr in die Privatsphäre der jeweiligen Familie begeben.

Einige Bemerkungen aus der Abschlussrunde:

- »Ich hätte gerne alle Familien kennengelernt. Es war interessant zu erfahren, wer welche Geschwister hat.«
- »Es war ein schönes Gefühl, sich in andere Familien einfühlen zu können.«
- »Ich fand es toll, weil man gemerkt hat, wie es in anderen Familien ist, ohne sie zu kennen. Außerdem konnte ich mal erleben, wie es mit Geschwistern ist.«

Gab es Unterschiede in der Rolle als Kind und als Erwachsener (Papa/Mama)?

In der Rolle als Papa oder Mama hätten sie mehr Verantwortung gespürt, meinten manche Kinder. Und ein Kind sagte: »Als Mama hab ich mich richtig groß gefühlt. Und als Kind eher klein.« Besser hätte man es nicht ausdrücken können.

Abb. 46: Hefteintrag: Eltern und Geschwister

8 Herausforderungen im Schulalltag – systemische Herangehensweise

Der Alltag fordert Lehrer auf sehr vielfältige Weise. Auch nach jahrelanger Erfahrung sehen wir uns immer wieder neuen Herausforderungen gegenüber, die es zu bewältigen gilt. Es gibt viele Wege, damit umzugehen. Sie sind abhängig von der Persönlichkeit des Pädagogen, von seinen Kenntnissen und Fähigkeiten, von der Persönlichkeit des Kindes, von der Grundstimmung in der Klasse und von der jeweiligen Situation, in der die Schwierigkeit auftritt.

Nachfolgend einige Beispiele, die jeder so oder so ähnlich aus seiner eigenen Praxis kennt.

Konflikt zweier Schülerinnen – Lösung mit Hilfe von Aufstellungselementen

Wie bereits beschrieben, ist die in unserer Klasse stattfindende Ärgerrunde ein festes wöchentliches Ritual. In einer dieser Ärgerrunden brach nun – für mich unerwartet – ein lange schon schwelender Konflikt zwischen zwei Mädchen auf, der den Umfang und die Absicht einer Ärgerrunde bei Weitem überstieg.

Zur Vorgeschichte:

Jana ist in der 4. Klasse. Sie ist ein Kind, das alles sehr genau und ernst nimmt, sowohl beim Lernen als auch im Umgang mit ihren Mitschülern. Jana achtet auf Ordnung im Klassenzimmer und übernimmt oft Gemeinschaftsaufgaben. Wenn man etwas braucht, ist sie die Zuverlässigkeit in Person. Sie will alles richtig und perfekt machen.

Vanessa ist in der 3. Klasse und als Quereinsteigerin am Ende der 1. Klasse zu uns gekommen. Sie hatte von Anfang an Probleme, Freundschaften zu knüpfen. Trotz unzähliger Integrationsversuche unterschiedlicher Art ist sie bis zu diesem Zeitpunkt Außenseiterin.

Jana hat in den drei Jahren, die die beiden jetzt zusammen in der Klasse sind, immer wieder geklagt, dass sie unter Vanessa leide, diese sie immer wieder ärgere und nicht in Ruhe lasse. Keiner der Konfliktlösungsversuche, die in der Vergangenheit unternommen worden sind, hat dauerhaft Wirkung gezeigt.

Trotz aller Zwistigkeiten erwähnt Jana bei Klassengesprächen aber auch immer wieder einmal positive Seiten von Vanessa oder sie legt ein gutes Wort für diese ein, wenn andere sich über deren Verhalten beschweren.

Eines Tages ist aber anscheinend alles zu viel für Jana. Sie gibt ihren Anspruch auf Fairness und Kontrolle auf und beleidigt Vanessa mit einer banalen Aussage. Dies wird in der Ärgerrunde von einem Jungen angesprochen. Es gibt noch einen kurzen Meinungsaustausch, und plötzlich fängt Jana heftig zu weinen an und klagt, dass Vanessa ihr schon drei Jahre das Leben schwer mache und sie nicht mehr wisse, was sie tun könne. Am liebsten würde sie die Schule wechseln, so schlimm sei es.

Das passiert zwei Minuten vor Schulschluss, und es gibt keine Möglichkeit, darauf noch in irgendeiner Weise einzugehen. Obwohl es mir arg ist, Jana so gehen zu lassen, muss ich ihr das in diesem Moment zumuten. Das sage ich ihr. Ich verspreche, am nächsten Tag darauf zurückzukommen.

Zu Hause überlegte ich, was helfen könnte. Welche Techniken standen mir zu Verfügung? Morgen würde ich den ganzen Vormittag ohne Begleitung meines Assistenten sein. Um mit den beiden in Ruhe sprechen zu können, müsste ich die Klasse alleine lassen. Das wollte ich nicht.

Vielleicht die NIG-Technik »Durch die Augen des anderen sehen« (beschrieben bei Barbara Innecken: »Weil ich euch beide liebe«)? Ich hatte sie noch nie mit Kindern ausprobiert. Für ein erstes Mal erschien mir der Konflikt zu komplex und hätte mich und die Klasse überfordert.

Die Dialogmethode? Diese erschien mir ungeeignet, da der Konflikt nur zwei Kinder betraf.

Streitschlichter? Die standen so kurzfristig für den nächsten Tag nicht zur Verfügung.

Es ging mir noch verschiedenes andere durch den Kopf, aber nichts, was mir hilfreich und vor allem durchführbar erschien.

Ich dachte auch an eine kleine Aufstellung. Aber mit Kindern? In der Klasse? Mit Stellvertretern? Das wagte ich nicht.

Es musste ein Vorgehen sein, das den Konflikt nicht bei Adam und Eva aufrollte.

Etwas, bei dem ich nicht in Versuchung kam, Partei zu ergreifen, denn ich konnte Jana gut verstehen.

Etwas, das nicht zu lange dauerte und die Geduld der Klasse nicht zu sehr strapazierte.

Etwas, bei dem sich beide Mädchen gleichermaßen gesehen und gerecht behandelt fühlten.

Etwas, das auch mich nicht überforderte. Etwas, mit dem ich mich sicher fühlte.

Plötzlich kam mir eine Idee. Die beiden sollten einen vernünftigen Abstand zueinander finden, der es ihnen ermöglichte, die letzten acht Schulwochen in Frieden durchstehen zu können. Jana, die Viertklässlerin, würde am Ende des Schuljahres sowieso die Klasse verlassen. Eine Übung aus einem Qigong-Kurs fiel mir ein:

Es stehen sich zwei Personen gegenüber. Die eine geht langsam auf die andere zu. Diese fühlt, wie nah sie erstere herankommen lassen will. Wenn diese den für sie passenden Abstand erreicht hat, sagt sie deutlich »stopp« und zeigt das mit der flachen Hand auch räumlich an.

Das schien mir eine gute und praktikable Möglichkeit für den Anfang zu sein. Nur der Abstand alleine genügte mir aber nicht. Ich brauchte noch eine Vorgehensweise, mit deren Hilfe sich beide Mädchen gleichermaßen gesehen und geachtet fühlten. Von der systemischen Aufstellungsarbeit wusste ich, dass es dort zuerst einmal um die Akzeptanz dessen, was ist, geht und darum, die Gefühle der einzelnen Personen anzuerkennen. Der Therapeut wiederholt dabei die Äußerungen der Stellvertreter, formuliert sie aber so wertfrei und achtungsvoll um, dass das Gegenüber sie annehmen kann.

Ich versuchte, mich in jedes der beiden Mädchen einzufühlen.

Was wusste ich von den beiden? Was waren meine Vermutungen über die Hintergründe ihrer Handlungsweisen? Wie konnte ich das wertfrei und ehrlich formulieren? Nach einiger Zeit hatte ich einige Sätze gefunden, von denen ich annahm, sie würden den Konflikt und die Gefühle der Mädchen treffend beschreiben.

Und so verlief der nächste Morgen:

Nach dem gemeinsamen Beginn meine ich, die Erwartung zu spüren, dass ich nochmals auf das gestrige Ende zu sprechen komme. Ich sage den Kindern, dass ich nachgedacht hätte und mir eine Idee gekommen sei. Dazu müssten Jana und Vanessa den Mut haben, etwas auszuprobieren, und alle anderen etwas Zeit und Geduld aufbringen. Ich frage, wer das für die beiden tun würde und könnte. Fast alle! Nur ein Mädchen aus der 1. Klasse will lieber mit ihren Malstiften draußen sitzen. Jana und Vanessa stimmen auch zu.

Die Kinder öffnen den Sitzkreis und rutschen zu beiden Seiten nach außen, sodass zwischen ihnen eine Art Gasse entsteht. Ich habe zu Hause überlegt, dass Jana das größere Bedürfnis nach Abstand hat als Vanessa. Also soll sie anfangen.

Ich lasse beide Kinder sich mit ca. vier Meter Entfernung gegenüber aufstellen. Vanessa soll nun langsam auf Jana zugehen und diese dann ein deutliches »stopp« aussprechen, wenn Vanessa den richtigen Abstand zu ihr habe. Zu meiner Überraschung spricht Jana sehr leise (sie kann sonst sehr massiv und vehement sein), sagt auch nicht »stopp«, sondern »so« und nimmt auch ihre Hand nicht als körperliche Unterstützung. Ich lasse es sie nochmals wiederholen und erkläre, wie wichtig es sei, das »stopp« klar und deutlich auszusprechen. Auch das wiederholte »stopp« kommt zögerlich und schwach. Aber ich lasse es fürs Erste darauf beruhen, finde es für mich jedoch eine interessante und wichtige Beobachtung. Jana stoppt Vanessa relativ weit weg von sich, in ca. drei Meter Abstand.

Ich fordere nun beide auf, sich möglichst in die Augen zu sehen. Dann fahre ich zu Jana gewandt fort:

»Ich werde dir jetzt ein paar Sätze vorsagen. Du fühlst in deinem Herzen, ob die Sätze für dich richtig sind. Wenn ja, nickst du und sprichst sie nach. Wenn es geht, schaust du Vanessa dabei an. Wenn sie nicht stimmen, schüttelst du den Kopf. Dann sagst du sie nicht.«

Zu Vanessa: *»Und du achtest darauf, wie es dir geht, wenn Jana diese Sätze sagt.«*

»Die letzten drei Jahre habe ich versucht, mit dir gut auszukommen, aber es war schwer.«

Jana nickt und spricht nach – sehr leise.

»Ich habe immer wieder versucht, deine guten Seiten zu sehen.«

Jana verneint: »Eher selten«, sagt sie.

»Manchmal habe ich dich anderen gegenüber auch verteidigt.«

Jana nickt und spricht nach.

»Aber jetzt habe ich keine Kraft mehr.«

Jana nickt und spricht nach.

Weil Jana immer sehr leise spricht, versichere ich mich bei Vanessa, ob sie auch verstehen könne, was Jana sagt.

»*Jetzt brauche ich Abstand von dir, viel Abstand.*«

Jana nickt und spricht nach.

»*Manchmal war ich so wütend, dass ich auch gemein zu dir war.*«

Jana nickt und spricht nach.

»*Das tut mir leid.*«

Jana verneint. Damit habe ich nicht gerechnet. Also anders:

»*Das habe ich einfach mal gebraucht.*«

Jana nickt und spricht nach.

»*Ich sehe, dass du es manchmal schwer hast.*«

Jana verneint.

»*Ich brauche jetzt Abstand und ich wünsche mir, dass du das respektierst.*«

Jana nickt und spricht nach.

Ich frage sie, ob sie noch etwas von sich aus sagen wolle. – Nein.

Ich frage beide, ob sie noch etwas bräuchten. – Beide verneinen.

Beide setzen sich hin und sind eine Weile still. Dann wechseln wir die Positionen. Bevor Jana beginnt, auf Vanessa zuzugehen, erkläre ich, dass der Abstand jetzt auch ein völlig anderer sein könne – näher, weiter weg oder auch gleich.

Vanessa kann deutlicher »stopp« sagen. Sie stoppt Jana ungefähr im gleichen Abstand. Darauf mache ich aufmerksam. Nun spreche ich Vanessa Sätze vor:

»*Auch ich brauche viel Abstand.*«

Vanessa nickt und spricht nach.

»*Ich hab nicht gemerkt, wie viel Abstand du brauchst.*«

Vanessa nickt und spricht nach.

Auch sie spricht sehr leise, sodass ich auch bei Jana nachfrage, ob sie alles verstehe.

»*Ich bin dir oft zu nahe gekommen.*«

Vanessa nickt und spricht nach.

»*Eigentlich wollte ich gerne deine Freundin sein.*«

Das ist nur ein Gefühl meinerseits und ich bin gespannt auf Vanessas Reaktion.

Vanessa schaut nach unten, nickt nach einer Weile und spricht nach.

»Aber ich weiß gar nicht richtig, wie das geht – Freunde finden.«

Vanessa nickt und spricht nach.

»Manchmal weiß ich auch nicht weiter. Dann mache ich Sachen, die ich eigentlich gar nicht machen will.«

Vanessa nickt und spricht nach.

»Das tut mir leid.«

Vanessa nickt und spricht nach.

»Aber jetzt sehe ich den Abstand, den wir beide brauchen.«

Vanessa nickt und spricht nach.

Ich frage auch Vanessa, ob sie noch etwas von sich aus sagen wolle. – Nein.

Dann frage ich wieder beide, ob sie noch etwas bräuchten. – Beide verneinen.

Die beiden Mädchen setzen sich hin und sind wieder ein Weile still. Die ganze Zeit über ist auch die Klasse mucksmäuschenstill. Es ist, als spürten sie die Bedeutung und Intimität dieser Arbeit.

Ich erkläre zum Schluss, dass sie den Abstand im Klassenzimmer natürlich nicht räumlich einhalten könnten. Das würde gar nicht gehen. Sondern dass damit ein innerlicher Abstand gemeint sei und dass es bedeute, dass man den anderen in Ruhe lässt, im Klassenzimmer und in der Pause. So ein Abstand könne sich aber im Laufe der Zeit auch wieder verändern. Manchmal kann man nach einer Weile wieder näher zusammengehen. Aber dann müssten beide damit einverstanden sein.

Es ergibt sich abschließend noch ein kurzes Gespräch mit allen zum Thema »Abstand« in Bezug auf streiten und versöhnen. Dann beginnen wir mit dem normalen Unterricht. Es ist eine entspannte Atmosphäre, und auch die beiden Mädchen scheinen gelöster. Und ich bin wieder einmal aufs Neue voll der Bewunderung über den Mut der Kinder, sich so ehrlich und offen zu zeigen.

Wie es weiterging:

Nach diesem Tag sind erst einmal zwei Wochen Ferien. So haben die beiden auf natürliche Art und Weise ihren Abstand.

In der zweiten Woche nach den Ferien beschwert sich Jana wieder über Vanessa, dass diese, als sie sich an deren Gruppentisch setzen wollte, harsch und unfreundlich reagiert habe. Ich bin darüber verwundert, denn es ist eigentlich Jana, die immer Abstand von Vanessa will, und trotzdem wählt sie einen Platz in Vanessas Nähe. Ich sage ihr das und frage sie, was sie sich denn von Vanessa gewünscht hätte.

»Dass sie mir in einem freundlichen Ton sagt, dass sie nicht möchte, dass ich an dem Tisch sitze«, meint Jana.

Auf meine Frage, was sie selbst hätte tun können, findet Jana ganz schnell eine Antwort: »Ich hätte Vanessa fragen können, ob sie einverstanden ist, wenn ich mich zu ihr an den Tisch setze.«

Ich erinnere sie an die Abmachung, dass beide damit einverstanden sein müssten, wenn der Abstand verändert werden soll. Als Vanessa dann zwei Unterrichtsstunden später ihren Geburtstag feiert, fällt ihre Wahl zum Vorlesen ihres Lebensbuchs auf Jana. Und Jana ihrerseits meint bei der Gratulationsrunde: »Du kannst eigentlich auch ganz nett sein. Und wenn du nicht gerade rumzickst, kann man in der Pause mit dir richtig gut fangen spielen.«

In der darauffolgenden Woche findet Vanessa in ihrer Ablage zwei Bilder. »Für Vanessa« steht darauf. Auf ihre Frage, wer ihr die Bilder ins Fach gelegt habe, meldet sich niemand.

»Da wollte dir jemand eine Freude machen«, ist der Kommentar eines Kindes.

Durch Zufall erfahre ich, dass Jana ihr die Bilder gemalt hat.

In der Freuderunde in der gleichen Woche sagt Vanessa zu Jana: »Ich freue mich, dass du das ... gemacht hast.« (Vanessa drückt sich geheimnisvoll aus, weil sie offenbar nicht will, dass Jana als Absender der Bilder bekannt wird.)

Jana meldet sich in dieser Runde auch und sagt zu Vanessa: »Ich freue mich, dass wir jetzt besser miteinander auskommen.«

Ich frage nach, ob sie ihren Abstand verringert hätten. Kopfnicken von beiden Mädchen.

Eine Woche später in der Ärgerrunde:

Jana beklagt sich bei Vanessa, dass diese sich überall und immer einmische und alles wissen wolle. Das ist als Vorkommnis nichts Neues. Allerdings hat sich Janas Tonfall verändert. Sie sagt es ohne Vorwurf und Aggression – ganz normal, ja fast versöhnlich. Vanessa darauf:

»Ich verbessere mich.«

Zwei Tage vor den Sommerferien:

Wir spielen »Kraftwörter verschenken« (siehe Kapitel »Ich kann, ich bin ...«).

Als Jana an der Reihe ist, zieht sie die Eigenschaft »hilfsbereit«. Es ist ihr erstes Kärtchen und sie schenkt es – zu meinem Erstaunen – Vanessa.

Vanessa revanchiert sich etwas später auch mit einem Kärtchen. Meiner Erinnerung nach stand »freundlich« darauf.

Vorletzter Schultag:

Die Kunstlehrerin berichtet mir, dass Jana wieder einmal wegen Vanessa bitterlich geweint habe. Die Kinder hätten das aber wohl bereits vor ihrem Eintreffen unter sich geklärt. Sie habe sich daraufhin nicht eingemischt.

Letzter Schultag:

Das Schuljahr geht zu Ende, die Viertklässler werden mit einem Ritual verabschiedet. Zu diesem gehört auch, dass die in der Klasse verbleibenden Schüler den »Abgängern« kleine Briefchen überreichen, die sie einige Tage zuvor geschrieben haben.

Vanessa liest ihren vor der ganzen Klasse vor:

»Liebe Jana, ich werde dich so vermissen. Viel Glück in deiner neuen Klasse.

Deine Vanessa.«

Drei Jahre lang hatte dieses spannungsgeladene Verhältnis der beiden Mädchen mich, meinen Kollegen und die Klasse immer wieder beschäftigt. Nun hatten sie zuletzt doch noch einen Weg gefunden, friedlich das Schuljahr zu Ende zu bringen. Was alles im Einzelnen zur Lösung beigetragen hat, vermag ich nicht zu sagen. Es ist zu vermuten, dass diese kleine »Aufstellung« eine wichtige Rolle gespielt hat.

Eigentlich will ich nur Freunde – Hypothesenbildung bei störendem Verhalten

Eine wichtige »systemische« Haltung ist die Annahme, dass hinter jedem Verhalten eines Kindes, wie störend es auch sein mag, eine positive Absicht steht. Natürlich ist diese bei störendem, verletzendem oder destruktivem Verhalten nicht leicht zu erkennen, denn erst einmal herrschen Unverständnis, Ablehnung, oft auch Wut und Ohnmachtsgefühle, sowohl vonseiten der Mitschüler als auch von Lehrerseite.

Eine Technik der systemischen Pädagogik – die Hypothesenbildung – kann dabei helfen, die im Verborgenen wirkende positive Absicht aufzuzeigen. Gelingt dies, können alle Beteiligten mit anderen Augen auf den »Störenfried« schauen und sein Verhalten in einem neuen Zusammenhang sehen. Der »Störenfried« seinerseits erfährt Verständnis, Wohlwollen und manchmal auch Wertschätzung – Reaktionen, die er aufgrund seines Verhaltens sonst nicht erlebt. Diese »neue« Sichtweise verändert nicht selten das Verhalten aller Beteiligten, sowohl das des »Störenfrieds« als auch das derjenigen, die unter ihm leiden.

So ist es auch bei Valentina, deren Verhalten oft für Ärger, Ablehnung, Streitereien und Unruhe in der Klasse sorgt.

Valentina lebt in schwierigen Familienverhältnissen und ist auch in der Schule Außenseiterin. Über alle bisherigen Integrationsversuche ist sie zwar dankbar gewesen, aber immer, wenn ich denke, jetzt sei ein wichtiger Schritt in diese Richtung geschehen und sie würde in die Klasse finden, bringt sie kurze Zeit später mit ihrem Verhalten wieder alle Kinder gegen sich auf.

In unserer wöchentlich stattfindenden Ärgerrunde ist wieder einmal ihr Verhalten Anlass für zahlreiche Meldungen. Die Kinder beschweren sich bei Valentina, dass ihr ständiges Reden sie beim Lernen störe. Aber mehr noch als das bringe sie ihr »cooles« Getue auf die Palme. Sie prahlt mit den verschiedensten Dingen, reagiert auf Bitten der Kinder mit Arroganz, Patzigkeit oder Nichtbeachtung, »klebt« an einem Jungen, der das aber nicht will, und macht Dinge, die die anderen Kinder einfach stören. Ich weiß, dass alle Verhaltensweisen geleitet sind von dem Wunsch dazuzugehören. Das ist schon oft Gesprächsthema gewesen. Dieses Mal will ich einen anderen Weg gehen.

Am nächsten Morgen komme ich auf die Ärgerrunde zu sprechen. Ich sage, dass, wenn ich die Äußerungen gestern richtig in Erinnerung hätte, sich viele über das »Cool-Sein« von Valentina geärgert hätten. Kopfnicken von vielen Seiten.

Zu Valentina gewandt frage ich: »*Stimmt denn das? Willst du die Kinder mit deinem Verhalten ärgern?*« Valentina blickt zu Boden und schüttelt den Kopf. Sie kann auch nicht erklären, was sie mit ihrem Verhalten erreichen will.

»Dann bitte ich euch, jetzt zusammen zu überlegen: Was will Valentina mit ihrem »Cool-Sein« wohl erreichen?«

Ich erkläre vorab, dass jede Vermutung wichtig sei. Es gäbe kein richtig oder falsch. Alle Äußerungen seien hilfreich und erlaubt. Zu Valentina sage ich: *»Und du hörst einfach nur zu und achtest darauf, ob irgendetwas von dem, was die Kinder sagen, auf dich zutrifft.«*

Es gibt sofort viele Meldungen. Ein besonders einfühlsamer und reifer Junge geht gleich in die Tiefe:»Also, Valentina geht es ja bei ihren Eltern nicht so gut. Vielleicht tut sie so cool, damit sie sich besser fühlt.«

- »Vielleicht will sie nur Freunde finden und weiß nicht, wie man das macht.«
- »Vielleicht will sie, dass alle sie toll finden.«
- »Vielleicht will sie im Mittelpunkt stehen und mehr Aufmerksamkeit.«
- »Vielleicht wünscht sie sich Spielkameraden.«
- »Oder sie will Freunde, die sie vor anderen schützen.«
- »Vielleicht will sie einfach die Beste sein und angeben.«
- »Sie will vielleicht eine Gruppe finden, in der sie sich geschützt fühlt.«

So und ähnlich sind die Vermutungen der Kinder. Ich bin erstaunt, wie viel Feingefühl sie beweisen und wie freundlich sie ihre Vermutungen formulieren. Dann frage ich Valentina, ob sie sagen wolle, ob etwas von dem, was sie von den Kindern gehört hätte, auf sie zuträfe. Sofort bricht es unter Tränen aus ihr heraus: »Ich will nichts mehr davon hören. Ich kann das nicht mehr ertragen.«

Ich bin überrascht und verwirrt. Damit habe ich nicht gerechnet.

»Was kannst du nicht mehr hören?«, frage ich nach.

»Das über meine Eltern.«

Da hat der Junge anscheinend ihren wundesten Punkt getroffen und ihren größten Schmerz. Alle haben davon gewusst. Sie hat es uns selbst einmal erzählt.

Jetzt kann ich nicht weitermachen wie geplant. Auf diese Situation muss ich erst eingehen. Es ist die Wahrheit, dass sie es bei ihren Eltern nicht leicht hat. Sie wird in ihrer Familie als »Problemkind« gesehen und bekommt das auch zu spüren. Liebe, Fürsorge und Verständnis werden ihr, soweit mein Eindruck reicht, nicht oft zuteil. Dies gilt es erst einmal anzuerkennen und auszusprechen.

»Ja, Valentina, wir wissen, dass du es schwer hast. Am schwersten von uns allen wahrscheinlich. Aber oft bekommen die Menschen, die es schwer im Leben haben, viel Kraft und werden besonders stark. Sie lernen, wie man Schwierigkeiten überwinden kann, und haben dadurch den anderen schon etwas voraus.«

Es ist eine ganze Zeit still in der Klasse. Dann glaube ich, es dabei bewenden lassen zu können, denn Valentina hat sich beruhigt und durchgeatmet. Ich nehme den ursprünglichen Faden noch einmal auf und frage Valentina nach einer Weile, ob sie jetzt sagen könne, ob eine der Vermutungen auf sie gepasst hätte. Valentina hat ihren Kopf immer noch gesenkt und nickt leicht. Leise sagt sie:»Freunde finden.«

Was viele Kinder gedacht haben, hat Valentina nun bestätigt. Ihr Cool-Sein ist der verzweifelte Versuch, endlich Freunde zu finden und ein Teil der Gemeinschaft zu werden. Ich erkläre, dass das ein ganz normales Bedürfnis von uns allen sei. Alle Menschen wollen Freunde haben und zu einer Gemeinschaft gehören. Und es sei natürlich, dass sie diesen Wunsch auch habe. Ich habe den Eindruck, dass Valentina jetzt etwas braucht, das sie stärkt und ihr das Gefühl gibt dazuzugehören.

Also bitte ich die Kinder, Valentina zu sagen, welche freundlichen Seiten sie schon an ihr erlebt haben. Auch hier melden sich – zu meinem Erstaunen – viele Kinder.

- »Ich finde, du bist hilfsbereit.«

- »Ich fand nett, dass du mir mal in der Pause geholfen hast, als ich mich verletzt hatte.«

- »Wenn wir Fangen spielen, erklärst du dich oft zum Fänger bereit, obwohl das nur wenige machen wollen.«

- »Du hilfst oft beim Tischdienst.«

- »Du hast mich mal getröstet, als es mir nicht gut ging.«

Und eine besonders differenzierte Beobachtung: »Ich finde es gut, dass du deine Meinung sagst. Wenn du z. B. nicht Fänger sein willst, dann sagst du das auch und machst es nicht einfach, damit die anderen dich mögen.«

Dabei lasse ich es bewenden. In der sich anschließenden Brotzeit ist Valentina sehr aufgedreht – positiv aufgedreht. Sie scherzt mit den anderen, ist sichtbar entspannt und ausgelassen. Ich habe den Eindruck, sie fühlt sich angenommen und zugehörig.

In der Pause beobachte ich, wie sich zwei Jungen, die normalerweise nie etwas mit Valentina zu tun haben, von ihr das Diabolospielen zeigen lassen. Die drei haben sichtlich Spaß miteinander. Einer der beiden Buben ist ausgerechnet derjenige, der bei den Vermutungen, was Valentina mit ihrem Cool-Sein erreichen wolle, gesagt hat: »Vielleicht will sie einfach die Beste sein und angeben.« Und jetzt spielen sie zusammen. Es ist unglaublich. Am Pausenende geht dieser Schüler neben mir die Treppe hoch und erzählt mir ganz aufgeregt: »Ich hab immer gedacht, die Valentina sei doof. Ich habe gar nicht gewusst, dass sie so nett sein kann.«

Auch Valentina treffe ich strahlend in der Garderobe an. In der Freuderunde am Ende des Vormittags bedankt sie sich bei den beiden, dass sie ihnen das Diabolospielen hat beibringen dürfen. Und die beiden Jungen erwähnen diese Tatsache ebenfalls als schönes Erlebnis.

Ich freue mich für Valentina und die Klasse und wünsche, es möge positiv weitergehen.

Doch es kommt leider so, wie es bei traumatisierten Kindern oft der Fall ist. Sie stellen unbewusst wieder die Situation her, die ihnen vertraut ist, die ihnen körperlich und seelisch Sicherheit gibt. Nach dem Wochenende verhält sich Valentina wieder, wie wir es von ihr kennen. Sie bringt die Kinder wieder einmal gegen sich auf und sich selbst einmal mehr ins Abseits.

Trotz der »Rückschläge« zeigt aber meine Erfahrung, dass es sich lohnt, die Zeit und Energie für diese Kinder aufzubringen. Ich konnte immer wieder Fortschritte erkennen, was den mühsamen Einsatz trotz mancher Entmutigung rechtfertigte. So war es schließlich auch bei Valentina gewesen. Am Ende der vierten Klasse konnte sie an vielen Tagen konzentriert arbeiten und hatte ihren Platz in der Klasse gefunden.

Ein Kind verlässt uns – unerwarteter Weggang einer Schülerin

Als Lehrer wird man immer wieder völlig unvorbereitet mit heiklen Situationen konfrontiert. Situationen, die – mehr noch als sonst – ein behutsames und einfühlsames Handeln erfordern. Auch der plötzliche, unerwartete Weggang eines Kindes aus der Klasse war für mich einer dieser Momente.

Die 7-jährige Jasmin steht an diesem Morgen mit roten, verquolle-
nen Augen, weinend und völlig aufgelöst im Klassenzimmer. Sie ist
umringt von mitfühlenden, Trost spendenen Mitschülerinnen und
sagt mir unter Tränen, dass das heute ihr letzter Tag in der Klasse sei.
Ich weiß, dass ihre Mutter einen Umzug geplant hat, aber dass es so
schnell und überstürzt passieren würde, damit habe ich nicht gerechnet. Weder Jasmin noch die Klasse noch ich haben die Möglichkeit
gehabt, uns innerlich auf ihren Abschied vorzubereiten. Dement-
sprechend schockiert sind alle über diese Nachricht. Vielleicht wäre
es nicht so schlimm, wenn es sich um ein stabiles, wohlbehütetes,
von zu Hause liebevoll umsorgtes Kind handeln würde. Bei Jasmin
aber liegen die Dinge anders. Sie hat schon viel durchgemacht: Der
Vater hat Suizid begangen, Mutter und Bruder sind schwer krank,
die ganze Familie traumatisiert. Diesem zarten und zerbrechlich
wirkenden Kind fehlen Nestwärme, Geborgenheit und Schutz. Sie
leidet unter Ängsten und Albträumen. Die Schule hat ihr Halt und
ein Stück Sicherheit und Geborgenheit gegeben. Sie hat zwar keine
engen Freundinnen, fühlt sich aber wohl in der Klasse und spielt in
der Pause gerne mit den anderen. Und jetzt steht sie da: weinend, tief-
traurig und verzweifelt. Ich bin betroffen und sprachlos. Hier wären
alle aufmunternden und tröstenden Worte unpassend. Was könnte
ich ihr in ihrem Schmerz auch Tröstendes sagen? Ich nehme ihre
Hände, streichele ihr Gesicht und frage sie, was sie jetzt am liebsten
hätte: im Sitzkreis neben zwei Kindern sitzen, die sie gerne mag, bei
mir auf dem Schoß oder neben mir sitzen oder ganz etwas anderes.

Sie entscheidet sich für Ersteres. Die zwei Auserwählten nehmen sie
liebevoll in ihre Mitte, und so sitzen wir dann im Kreis. Eine weinende
Jasmin, umschlungen von zwei Trösterinnen, und eine sprachlose
Klasse. Wie soll dieser Tag nun verlaufen? Wie kann der Abschied ein-
fühlsam und liebevoll gestaltet werden – so ganz ohne Vorbereitung?

Nach einigen einführenden Worten und Informationen für all diejenigen, die nicht alles genau mitbekommen haben, gebe ich den
Tagesplan bekannt. Jasmin erlaube ich an diesem Vormittag alles. Ich
sage ihr, sie dürfe das machen, wonach ihr zumute sei – egal, ob malen,
in der Leseecke kuscheln, ausruhen, lernen oder was sie sonst gerne
täte. Sie könne dabei immer jemanden an ihrer Seite haben, wenn
sie wolle. Dieses Kind oder diese Kinder seien heute vom regulären
Lernen freigestellt. Am Ende des Tages würden wir uns dann Zeit für
den Abschied nehmen.

Jasmin zieht sich gleich mit einer Mitschülerin in die Leseecke zurück,
die ihr dort dann etwas vorliest. Auch mir macht das unvorbereitete

Weggehen dieses tapferen, kleinen Mädchens schwer zu schaffen. Ich will ein unkompliziertes Ritual und etwas, das wir ihr als Andenken mit auf den Weg geben können.

Kurzerhand entschließe ich mich, in der Pause nach Hause zu fahren und ein kleines Abschiedsgeschenk zu holen. Es soll ein kleines, flauschiges Fellstückchen sein – in Anlehnung an eine Geschichte, die ich den Kindern einmal vorgelesen habe. Ich finde auch noch einen besonderen Stein – einen Schutzstein aus Australien.

Für den Abschied an diesem letzten gemeinsamen Vormittag plane ich ausreichend Zeit ein. Als wir schließlich alle im Kreis sitzen, halte ich das kleine Pelzchen in der Hand und nehme Bezug auf unsere Geburtstagspelzchenrunde. Dann wird es von Kind zu Kind weitergegeben und jeder soll in das Pelzchen das »hineingeben«, was er Jasmin noch sagen wolle oder ihr für die Zukunft wünsche.

Schon bei diesen Anfangsworten fällt mir das Sprechen schwer. Nicht nur der Abschied, auch die Äußerungen der Kinder rühren mich zu Tränen. Alle sagen etwas. Wie sie es von den Freude- und Ärgerrunden gewohnt sind, sprechen die meisten Jasmin mit Namen an, wenden sich ihr liebevoll zu und haben eine Wärme und Herzlichkeit in der Stimme, dass man als Außenstehender den Eindruck haben könnte, Jasmin wäre jedes einzelnen engste Freundin gewesen.

»Liebe Jasmin, ich finde es so schade, dass du gehen musst. Du warst immer ganz still und hast kaum was gesagt, aber in der Pause hast du oft mit uns Fangen gespielt. Das war schön.«

»Jasmin, es ist ganz traurig, dass du gehst. Du bist sehr nett und ich mag dich gerne und ich werde dich sehr vermissen.«

»Jasmin, ich kann verstehen, wie du dich jetzt fühlst. Ich hab mich auch von meiner alten Klasse ganz schnell verabschieden müssen. Das ist ganz schlimm. Ich wünsch dir, dass du in deiner neuen Schule bald viele Freunde findest und dass es dir gut geht.«

Die Stimmung ist traurig und schwer. Als ein Erstklässler sagt »Ich wünsche dir noch viele schöne Leben«, fangen viele an zu kichern, und als ich darauf Bezug nehme, müssen alle herzhaft lachen. Es tut gut, die Atmosphäre aufzuheitern, sodass die Angespanntheit und Schwere im Raum sich für einen Moment auflösen kann. Auch Jasmin lacht erlöst, trotz der Tränen, die ihr über die Wangen laufen.

Als nun ich am Ende der Runde dieses warme, weiche, kuschelige Pelzchen in den Händen halte und meinen Blick zu Jasmin wende, ist es um meine Fassung geschehen. Die Kinder haben schon öfter erlebt, dass ich beim Abschied der Viertklässler geweint habe, aber dieses Mal ist es anders und intensiver. Das spüren auch die Kinder. Sie sind still und betroffen. Ein Kind hat auch zu weinen begonnen. Es ist das Mädchen, das gesagt hat, sie könne sich gut in Jasmin einfühlen, weil sie auch schon etwas Ähnliches erlebt hätte. Bei ihr kommen wohl auch Erinnerungen hoch. Ihre Sitznachbarinnen legen tröstend die Arme um sie.

Es dauert eine Weile, bis ich meine Fassung wiedergefunden habe. Dann lege auch ich meine Wünsche in Jasmins Pelzchen:

»Jasmin, du hast schon viele schlimme Dinge erlebt in deinem Leben und sie alle durchgestanden. Du bist ein tapferes, kleines Mädchen. Ich bin sehr traurig, dass du uns verlassen musst. Es war schön, dass du in unserer Klasse warst. Ich wünsche dir, dass du dich in deiner neuen Klasse und an deinem neuen Wohnort wohlfühlst und viele Freunde findest. Und dass es leichter wird in deinem Leben.«

Ich überreiche ihr das Pelzchen mit all unseren eingebetteten Worten und hänge ihr den Schutzstein um den Hals. *»Er wird dich beschützen – immer und überall. Und auch dein Schutzengel begleitet dich.«*

Nachdem Jasmin von ihren drei Schutzengeln, die bei ihr auf dem Nachtkästchen stehen, berichtet hat, entwickelt sich ein Gespräch über Schutzengel. Ich erwähne, dass der Schutzengel auch ein Familienmitglied sein könne. Auch jemand, der schon tot sei und vielleicht sogar schon als Kind gestorben sei. Ein Mädchen berichtet, dass ihr Schutzengel ihre Oma sei, obwohl sie sie nicht gekannt hat. Sie sei gestorben, als ihr Vater noch ein Kind war. Ein Junge erzählt, dass er im Bauch der Mama eine Zwillingsschwester gehabt habe, die bei der Geburt gestorben war. Auch sie sei sein Schutzengel.

Um den Kindern die Unsicherheit über meine Gefühlswallung zu nehmen, spreche ich auch über meine Tränen und deren Intensität:

»Wenn die Viertklässler uns verlassen, dann weiß man: Jetzt sind es noch zwei Wochen, jetzt noch eine, jetzt noch zwei Tage und jedes Mal, wenn man daran denkt, ist man ein bisschen traurig. Und wenn es dann soweit ist, dann ist an dem Tag nur noch ein bisschen Traurigkeit übrig. Aber wenn man keine Gelegenheit hat, sich auf einen Abschied vorzubereiten, dann kann es sein, dass man von seinen Gefühlen überschwemmt wird. Dann ist das für den Moment ganz schlimm und man muss sehr weinen, aber dann geht es auch wieder vorbei.«

Und so ist es dann auch.

Nun muss die Spannung wieder aufgelöst werden. Zu schwer und erdrückend liegt sie auf uns. Jasmin soll sich ein Spiel wünschen. Nach einiger Überlegung entscheidet sie sich für »Obstsalat«. Schon als sie den Kindern ihren jeweiligen »Obstnamen« zuteilt, lacht sie erleichtert. Und auch der Klasse tut es gut, in Bewegung zu kommen.

Als der Unterricht zu Ende ist, sehe ich ihr nach. Mit all ihren Sachen bepackt geht sie alleine die Straße entlang. Keine Mutter, die sie abholt, sie in die Arme nimmt und festhält. Kein Nest, in das sie sich flüchten kann und in dem sie Geborgenheit und Sicherheit erfährt. Es tut weh, dieses kleine Mädchen so gehen zu sehen. Das ist einer der Momente, in denen ich mir wünsche, mehr tun zu können. In denen ich versucht bin, ein Urteil über die Eltern zu fällen. Und doch weiß ich: Ich bin nur die Lehrerin. Ich kann dafür sorgen, dass sie in der Schule Geborgenheit, Sicherheit und Wärme erfährt und sich aufgehoben fühlt. Mehr steht mir nicht zu. Es gilt, mich innerlich vor dem Schicksal dieses Kindes zu verneigen und – zu meinem eigenen Schutz und für meine eigene Psychohygiene – wieder die nötige innere Distanz herzustellen.

Einen Tag nach Jasmins Verabschiedung findet unser Elternabend statt. Als ich beim Bericht über die aktuelle Klassensituation auch vom Weggang Jasmins berichte, wissen fast alle Eltern Bescheid. Die Kinder haben davon erzählt. Die Eltern berichten, dass sogar Kinder, die normalerweise nicht viel von der Schule erzählen, das zu Hause erwähnt hätten. Der Abschied habe alle sehr mitgenommen und betroffen gemacht.

»Mein Sohn war sehr aufgebracht. Es hatte ihn entsetzt, dass Jasmin nicht vorher davon erfahren hatte. Das könne doch die Mutter nicht machen! So etwas muss man einem Kind doch sagen!«, hat es sich aufgeregt.«

»Für meine Tochter war es wie ein Schock. Es wird wohl noch eine Weile dauern, bis sie das verarbeitet hat.«

»Als mein Sohn davon erzählt hat, hatte er Tränen in den Augen. Es hat ihn wohl an seine eigene Situation erinnert, weil sein Vater ja auch die meiste Zeit von Berufs wegen nicht zu Hause sein kann.«

Die Äußerungen der Eltern haben mich im Nachhinein noch einige Zeit beschäftigt. Was hatte die Kinder so betroffen gemacht?

War es die Überforderung mit diesem plötzlichen, unerwarteten Abschied? Waren es die Tränen der Lehrerin? War es die Stimmung, die schwer auszuhalten gewesen war? Oder hatten sie die Schutzbedürftigkeit und Verletzlichkeit dieses kleinen Mädchens gespürt und deshalb ihren Schmerz umso schlimmer empfunden?

Wie viel Betroffenheit diese Situation auch hervorgerufen haben mag, sie hat das Einfühlungsvermögen, das Mitgefühl und die Verbundenheit der Kinder untereinander sichtbar und spürbar werden lassen.

»Alle hassen mich« – Mut zur Wahrheit

Elterngespräch mit dem Vater von Richard (3. Klasse):

Der Vater erzählt, dass Richard am liebsten die Schule wechseln würde, weil alle ihn hassen würden. Er kann aber keine konkreten Begebenheiten nennen, die Richards Überzeugung erklären könnten.

Wir (meine pädagogische Zweitkraft und ich) fallen aus allen Wolken. Nie haben wir etwas in diese Richtung beobachten können. Richard ist ein sehr zurückhaltender und stiller Junge. Er hat einen guten Freund in der Klasse, zu den restlichen Mitschülern aber wenig Kontakt. Doch er ist integriert, und von Hass gegen ihn kann keine Rede sein. Der Vater bittet mich, mit Richard zu sprechen. Das will ich gerne tun.

Ich mache mir Gedanken. Kann mir so etwas Wesentliches entgangen sein?

Einige Tage später setzen wir uns zusammen. Ich berichte ihm von dem Gespräch. Ob es stimme, was der Vater mir erzählt habe, will ich wissen. Richard nickt. Auf meine Frage nach Vorfällen oder Bemerkungen, die sein Gefühl erklären könnten, überlegt er lange.

Schließlich sagt er: »Mich hat mal jemand geschubst.«

Er weiß nicht mehr, wer und auch nicht, ob es absichtlich oder versehentlich geschehen ist. Weitere Begebenheiten fallen ihm nicht ein.

»*Wenn du jemanden rempelst, heißt das, dass du denjenigen hasst?*« – Richard verneint.

»*Manchmal ist das bei uns Menschen so, dass wir über etwas nachdenken und nachdenken und dann plötzlich glauben, dass das wirklich so ist, was wir uns ausgedacht haben. Könnte das bei dir auch so sein?*«

Richard: »Da ist so ein Wurm in meinem Kopf und der gräbt sich dann immer tiefer rein.«

Er weiß genau, was ich gemeint habe. Ich bin überrascht über seine klare Aussage.

»*Würdest du gerne wissen wollen, ob die anderen dich wirklich hassen?*« – Richard nickt.

»*Es gibt eine Möglichkeit, wie du das herausfinden könntest.*«

Richard überlegt sehr lange. »Ich könnte fragen.«

»Das wäre eine Möglichkeit. Sie erfordert sehr viel Mut. Aber Mut hast du ja. Das haben wir beim letzten Schullandheimaufenthalt gemerkt.«

Ich erinnere Richard damit an seine positive Erfahrung im letzten Jahr. Damals hat es ein Problem mit dem Einnässen gegeben. Er hat den Mut gehabt, mit der Klasse darüber zu sprechen (Genaueres siehe unter »Einnässen und Einkoten«).

»Was würdest du die Kinder fragen wollen?«

Lange Pause. »Ob sie (die Kinder) mich mögen.«

Ob er seine Frage allen Kindern gemeinsam stellen oder lieber jeden einzeln für sich ansprechen wolle, frage ich ihn. Richard antwortet: »Jeden einzeln.«

Dieses Kind beeindruckt mich immer wieder.

»Hast du diesen Mut?«

Richard: »Gerade versteckt er sich noch hinter meiner Schulter.«

»Was bräuchte er, damit er sich hervortraut?«

Schnelle Antwort: »Vertrauen.«

Auf die Frage, wer oder was ihm dabei helfen könne, dieses Vertrauen zu bekommen, weiß er keine Antwort. Ich überlege, ihm seinen Vater als Ressourcenperson an die Seite zu stellen. Warum ich diesen Gedanken verwerfe, daran erinnere ich mich nicht mehr. Stattdessen frage ich: *»Gibt es etwas, das ich tun könnte, damit es dir leichter fällt?«*

Lange Nachdenkpause: »Dass du sagst, dass es ganz wichtig für mich ist. Und dass es Mut braucht.« Das verspreche ich ihm gerne.

»Und wenn ich diese einführenden Worte gesagt habe, was sagst du dann?«

Ich will, dass Richard auf die Situation vorbereitet ist, denn er braucht normalerweise sehr lange, bis er seine Gedanken aussprechen kann. Es folgt eine lange Pause. »Ob mich die Kinder mögen. Und jeder soll mir das ganz ehrlich sagen.«

Das »ganz ehrlich« betont er nochmals. Unglaublich, mit welcher Entschlossenheit sich dieser Junge der Wahrheit stellen will.

Als wir aufstehen, atmet Richard tief und hörbar aus.

»Wie geht es dir jetzt?«

»Gut«, sagt er überzeugend und klingt dabei sehr erleichtert.

Später im Kreisgespräch:

Nach meinen von Richard gewünschten einführenden Worten sagt er in die Runde: »Ich wollte wissen, ob ihr mich mögt.«

Spontane Äußerungen der Kinder: »Klar.«– »Ja, natürlich.«

Über Richards Gesicht huscht ein Lächeln. Ich warte, ob er noch etwas anfügen würde, aber er macht keine Anstalten. Ich frage, ob er, so wie er es vorhin gesagt habe, noch einzeln fragen wolle oder ob es ihm so genüge. Es genügte ihm.

»Wenn jemand noch etwas zu dir sagen will, möchtest du das trotzdem hören?« Kopfnicken. Einige Kinder melden sich spontan.

Ein Viertklässler: »Ich mag dich sogar sehr gerne. Ich spiele in der Pause zwar immer mit meinen Freunden, aber wenn du mitspielen willst, brauchst du das nur zu sagen.«

Richard betont, dass er keinen neuen Spielpartner für die Pause suche. »Da spiele ich ja immer mit Borris.«

Ein Mädchen aus der 4. Klasse: »Ich mag dich auch, aber oft können Mädchen und Buben nicht so gut miteinander spielen. Und ich spiele einfach lieber mit Mädchen.«

Noch zwei weitere Kinder bekunden ihm ihre Sympathie. Richard ist zufrieden.

Auf meine abschließende Frage, wer wie Richard auch den Mut gehabt hätte, so etwas zu fragen, meldet sich keiner.

Einer fehlt – Vanja darf nicht mit ins Schullandheim

»Jeder Einzelne ist für die Gemeinschaft wichtig und prägt auf seine Weise die Gruppe mit – sei es nun als ›Opinionleader‹, als ›Klassenclown‹, als ›unauffälliges‹ Mitglied oder als ›schwarzes Schaf‹ der Gruppe. Jedes Kind leistet auf seine Weise einen Beitrag für die Gemeinschaft, auch wenn seine positive Absicht dabei nicht immer auf den ersten Blick erkenntlich ist« (Innecken 2007, S. 136).

Das mag für manchen sonderbar erscheinen. Wie sollte ein Störenfried, ein Außenseiter, ein Unruhestifter wichtig für die Gemeinschaft sein? Welchen Beitrag leistet ein Kind für die Gemeinschaft, das mit seinem Verhalten einen Großteil der Aufmerksamkeit und Energien des Lehrers beansprucht und somit vom Rest der Klasse abzieht?

Dieser Frage soll im »Fall« Vanja nachgegangen werden.

Obwohl Vanja aus meiner Sicht oft eine Belastung für die Klasse darstellte, empfanden die Kinder durch ihr Fehlen im Schullandheim die Gemeinschaft als unvollständig. Das, was während der Aktivitäten des Tages nicht erkennbar war, wurde in den Gesprächsrunden von den Kindern thematisiert.

Jedes Jahr ist für die Kinder unser viertägiger Schullandheimaufenthalt der Höhepunkt. Die Vorfreude beginnt schon Wochen vorher. Normalerweise nehmen alle Kinder daran teil – außer, es sprechen ernste gesundheitliche Gründe dagegen.

Bei Vanja ist der Fall anders gelagert. Ihre Eltern sind dagegen, obwohl ich betont habe, wie wichtig die Teilnahme für Vanja wäre, da gerade bei ihr die Integration in die Klasse sehr schwierig sei und sie durch die Nichtteilnahme noch mehr nach außen gedrängt würde. Aber die Eltern bleiben bei ihrer Entscheidung. Vanja ist darüber sehr traurig.

Am Tag vor der Abfahrt informiere ich die Klasse. Vanja wird nach dem Grund gefragt. Sie erklärt es, so gut sie es weiß und kann. Die Kinder geben keinen Kommentar ab und äußern kein Bedauern. Das ist verständlich, denn Vanja macht sich durch ihr Verhalten bei ihren Klassenkameraden oft unbeliebt. Auch wenn die Klasse ihr immer wieder neue Chancen einräumt, bin ich sicher, dass ein Großteil der Kinder erleichtert darüber ist, dass sie nicht mitfährt.

Aber ich habe mich wohl getäuscht. Noch am gleichen Tag werde ich von einer Schülermutter angerufen, deren Tochter sofort zu Hause davon berichtet hat. Obwohl dieses Mädchen Vanja nicht besonders mag und sich oft von ihr gestört fühlt, hat sie die Tatsache, dass Vanja zu Hause bleiben muss, durcheinandergebracht und verunsichert. Die Schülermutter bietet ihre Hilfe an, kann aber bei den Eltern auch nichts erreichen.

Ich überlege, wie Vanja trotz ihrer Abwesenheit Teil der Gruppe bleiben kann. Sie soll sich nicht vergessen fühlen. Wie kann man sie hereinholen? Wie können wir ihr zeigen, dass wir an sie denken?

Der Gedanke liegt nahe, ihr zu schreiben. Aber ich will keinen Gemeinschaftsbrief schreiben lassen, unter den jeder seine Unterschrift setzt – egal, ob er mit dem Inhalt des Briefs konform geht oder nicht. Dafür sind die Gefühle der Kinder Vanja gegenüber zu unterschiedlich. Wenn jedes Kind selbst schreibe, könnte es das ausdrücken, was es empfindet. Jetzt muss ich mein Vorhaben den Kindern nur noch so nahebringen, dass es sie nicht als lästige Pflicht empfinden.

Am zweiten Tag setzen wir uns zusammen und sprechen darüber, was wir bis jetzt schon alles Schönes erlebt haben. Für jede Nennung male ich auf ein Papier ein lachendes Gesicht. Dann spreche ich davon, dass einer aus unserer Gemeinschaft dieses Glück nicht hat. Wir überlegen gemeinsam, was Vanja wohl in der Schule erlebt. Was vielleicht schön für sie ist und was möglicherweise nicht. Den Kindern fallen die unterschiedlichsten Dinge ein, und ich zeichne dafür entweder ein lachendes oder ein weinendes Gesicht. Durch den Vergleich der beiden Blätter wird sehr schnell deutlich, dass die Freude auf unserer Seite eindeutig größer ist. Und wie können wir ihr etwas davon abgeben? Die Kinder kommen von selbst auf die Idee mit dem Schreiben. Ich schlage vor, dass jeder eine Postkarte schreiben könne. Eigentlich erwarte ich, dass zumindest einige fragen »Müssen wir das machen?« oder bedauern, dass dadurch weniger Zeit zum Spielen bleibe, aber zu meinem Erstaunen kommt nichts dergleichen.

Am nächsten Tag kaufen wir im Ort Postkarten. Jedes Kind sucht sich eine aus, die ihm gefällt. Jeder soll nur schreiben, was für ihn stimmt und ehrlich gemeint ist. Die Kinder sollen authentisch sein können. Als alle Kartengrüße fertig auf dem Tisch liegen, lese ich den einen oder anderen Satz.

»Liebe Vanja, wir haben viel Spaß hier. Ich hoffe, du hast auch eine gute Zeit.«

»Liebe Vanja, ich vermisse dein Lachen.«

»Liebe Vanja, es ist schön hier, aber trotzdem ist auch ein Loch in unserer Gemeinschaft.«

»Liebe Vanja, ich freue mich wieder auf dich.«

Ich bin überrascht und gerührt gleichzeitig. An den Formulierungen der Kinder zeigt sich die vorher erwähnte Gruppendynamik. Viele Kinder haben wörtlich oder sinngemäß zum Ausdruck gebracht, dass Vanjas Fehlen eine Lücke in der Klassengemeinschaft hinterlassen hat. Selbst wenn man vermutet, dass einige vielleicht der Höflichkeit den Vorzug gegeben haben, so doch bestimmt nicht alle. Tatsache ist: Vanja – ein Gruppenmitglied – fehlt! Und auf die Auswirkungen muss geachtet werden.

Nach unserer Rückkehr sind natürlich alle gespannt. Wie sind unsere Karten bei ihr angekommen? Hat sie sich gefreut? Die Kinder werden nicht enttäuscht. Vanja erzählt freudig, dass ihre Mama sie nach der Schule mit den Worten empfangen habe: »Da wartet Post auf dich.«

»Ich bin zum Briefkasten gegangen und hab ihn aufgemacht. Ups, hab ich gedacht, warum liegen denn da so viele Postkarten? Ich hab sie alle in meinem Zimmer aufgehängt.«

Dann lassen wir das Schullandheim Revue passieren, und auch Vanja erzählt, wie es ihr in diesen Tagen in der Schule ergangen ist.

Umgang mit Bettnässen und Einkoten – Erfahrungen aus dem Schullandheim

Damit alle Schüler einen Schullandheimaufenthalt positiv erleben und in schöner Erinnerung behalten, brauchen Kinder, die aufgrund ihrer Schwierigkeiten Gefahr laufen, ausgelacht, verspottet oder gemieden zu werden, besondere Beachtung in der Vorbereitung. Das trifft vor allem auf die Kinder zu, die noch einnässen oder einkoten. Für das betroffene Kind ist es ein beschämendes Thema. Trotzdem muss es unbedingt im Vorfeld mit dem Kind besprochen werden. Dafür ist eine einfühlsame und vorsichtige Herangehensweise ganz besonders wichtig.

Über aller Fürsorge für das Kind darf man nicht vergessen, dass Einnässen und Einkoten nicht nur das Kind selbst belasten, sondern auch die begleitenden Lehrer und die Klasse. Der Lehrer muss u. U. nachts aufstehen, um Bettzeug zu wechseln und das Kind zu versorgen und zu trösten. Er muss neben den vielen anderen zu organisierenden Dingen zusätzlich dafür Sorge tragen, dass das Kind bei jeder Unternehmung Ersatzwäsche und eine Plastiktüte dabei hat. Er muss ein Auge auf das Kind haben, damit es nicht zu lange in seinen nassen oder verkoteten Hosen herumläuft und noch einiges mehr. Das alles kostet Zeit und Kraft und zehrt an den Nerven des Lehrers. Für den Rest der Klasse steht viel weniger Energie zur Verfügung, sodass sie vielleicht einen übermüdeten, angespannten und ungeduldigen Lehrer aushalten muss.

In der systemischen Pädagogik gibt es den Grundsatz: Die Gruppe hat Vorrang vor dem Einzelnen. Was bedeutet das?

Ein Pädagoge hat die Aufgabe, auf das Ganze zu schauen – auf die Klasse, das Kind und vor allem auch auf sich selbst. Denn von dem, was er leisten kann, hängt es ab, ob eine Klasse überhaupt ins Schullandheim fahren kann und wie sich der Aufenthalt gestaltet. Es ist deshalb wichtig, dass sich jeder Lehrer überlegt, welche Voraussetzungen gegeben sein müssen, damit das Kind für ihn und die Gruppe tragbar ist. Kommt er dabei zu dem Ergebnis, dass es seine Kräfte übersteigt und er der Gruppe dann nicht mehr gerecht werden kann, muss er dem betreffenden Kind zumuten, dass es nicht mitfahren kann und in der Zeit die Schule besucht.

Richard, ein Erstklässler, nässt noch ein, oft mehrmals am Tag. Es passiert ihm in der Schule, nachmittags im Hort und in der Nacht. Die Mutter berichtet auch von Einkoten, was aber in der Schule nie vorgekommen ist. Wenn er während des Unterrichts einnässt und ich seine nasse Hose bemerke, schicke ich ihn möglichst unauffällig auf die Toilette zum Umziehen. Manchmal geht er auch von alleine.

Im Hinblick auf das bevorstehende Schullandheim überlegen wir Lehrer erst einmal, was wir bräuchten, damit Richard für uns nicht eine zu große Belastung werden würde, denn schließlich wollen wir Ausflüge machen und auch nachts nicht unnötig oft aufstehen. Wir beschließen, in der Nacht auf Windeln zu bestehen – zur Schonung der Matratze und unserer Nachtruhe. Zudem weiß ich auch nicht, ob sich Richard getraut hätte, nachts in unser Zimmer zu kommen, um Bescheid zu sagen. Bei Ausflügen soll er Ersatzhosen dabei haben.

Mit dieser klaren inneren Einstellung führe ich mit Richard einige Tage vor dem Aufenthalt ein Gespräch unter vier Augen. Ich frage ihn, ob es etwas gäbe, über das er sich im Hinblick auf den Schulland-heimaufenthalt Sorgen oder Gedanken machen würde. Dabei hoffe ich, er würde durch meine Frage von sich aus auf seine Schwierigkeit zu sprechen kommen. Aber Richard verneint. Er mache sich keine Sorgen. Also spreche ich das Thema an. Ich versichere ihm, dass er selbstverständlich mitfahren dürfe, aber dass seine Mitarbeit nötig wäre. Die Windeln in der Nacht stellen für ihn kein Problem dar, da er auch zu Hause welche trägt und er sie alleine an- und ausziehen kann.

Für die Handhabung der Windeln biete ich ihm zwei Möglichkeiten an:

1. Er könne seine Windel abends im Klo anziehen und danach die Schlafanzughose darüber. Morgens könne er sie dort auch wieder ausziehen und in eine von mir dort deponierte Plastiktüte packen und in den Abfalleimer werfen. So würde keiner etwas merken. Aber: Er hätte auf diese Weise ein Geheimnis zu hüten.

2. Wir könnten in der Klasse darüber sprechen. Dann würden die anderen Bescheid wissen und er bräuchte keine Angst zu haben, dass jemand zufällig seine Windeln entdeckt.

Zwei Tage hat er Zeit, sich die Sache zu überlegen.

Am nächsten Tag bespreche ich mit der Klasse meine »Was tust du, wenn ...«-Liste (siehe Kapitel »Schullandheimaufenthalte«). Eine Frage auf dieser Liste lautet auch: »Was tust du, wenn du in der Nacht aus Versehen ins Bett pieselst?«

Nach anfänglichem Kichern frage ich, wem das schon einmal passiert sei. Viele Kinder heben die Hand und erzählen ihre Erlebnisse. Es ist eine heitere, gelöste Stimmung, denn die Kinder berichten offen und amüsiert von ihren Träumen, die meistens die Ursache ihres Missgeschicks gewesen sind. Wir kommen darauf zu sprechen, wie man sich in so einer Situation fühlt.

- »Das ist peinlich, weil man denkt, man ist noch ein Baby.«
- »Ich hab mein Bettzeug heimlich gewaschen, damit niemand was merkt.«
- »Ich hab mich geschämt.«
- »Ich bin zu meinen Eltern ins Bett und hab geweint.«

So oder ähnlich sind die Äußerungen der Kinder. Ich frage im Anschluss, was jeder sich wünschen würde für den Fall, dass ihm so etwas passiert.

- »Dass man mich nicht auslacht.«
- »Dass man es nicht jemand anderem erzählt.«
- »Das mich jemand tröstet.«
- »Das man mir hilft.«

Die Kinder nennen alles Wichtige. Dadurch, dass fast jeder schon einmal diese Erfahrung gemacht hat, fällt es ihnen auch nicht schwer, sich in diese Situation hineinzuversetzen.

Tags darauf nehme ich Richard nochmals beiseite und frage nach seiner Entscheidung: geheim oder darüber sprechen?

Da Richard ein sehr stilles, verschlossenes Kind ist, rechne ich damit, dass er sein Problem würde geheim halten wollen. Ich werde, wie schon so oft, wieder einmal überrascht. Richard will offenbar nicht die Last eines Geheimnisses tragen. Er will darüber reden. Was für ein mutiger, kleiner Kerl er doch ist und voll des Vertrauens in sich, in die Kinder der Klasse und in seine Lehrer.

In der Klasse knüpfe ich an unser Gespräch vom Vortag an und erwähne, dass Richard in der Nacht Windeln tragen werde, weil er noch nicht sicher mit dem Klogehen wäre. Ich habe fast noch nicht zu Ende gesprochen, da sagt ein Junge (3. Klasse) ganz spontan: »Das ist doch nicht schlimm.«

Sofort stimmen einige andere zu und erzählen spontan vom kleinen Bruder, der sechs Jahre alt sei und auch noch Windeln brauche, und von ihrer Oma, die Erwachsenenwindeln tragen müsse. Einstimmiger Tenor: »Kein Problem! Deswegen muss man sich nicht schämen!«

Im Schullandheim sehe ich Richard ganz entspannt am Abend beim Vorlesen mit angezogener Windel im Bett sitzen. Ich kontrolliere ihn nicht. Auf meine Nachfrage, wie es ihm gehe, antwortet er: »Gut!« Auf den Ausflügen informiert er mich, wenn er »hinter den Busch« muss, und auch sonst habe ich nicht bemerkt, dass ihm etwas in die Hose gegangen wäre.

Drei Wochen später erzählt die Mutter im Elterngespräch, dass es Richard im Schullandheim sehr gut gefallen habe und dass er sehr stolz auf sich gewesen sei. Sie hat drei nasse Hosen im Gepäck gefunden. Ich bin etwas erstaunt, aber sie meint, das wäre ein unglaublicher Fortschritt, denn normalerweise habe er nicht drei nasse Hosen in vier Tagen, sondern an einem Tag. Und auch, dass er nicht eingekotet habe, erstaune sie sehr. Sie erzählt auch, dass Richard unmittelbar nach dem Schullandheimaufenthalt wieder vermehrt eingenässt habe, jetzt aber deutlich weniger. »Vielleicht brauchte er nach der inneren Anstrengung erst einmal eine Entspannungsphase« – so ihr Kommentar.

Ein anderes Vorgehen war bei Ludwig angebracht.

Ludwig war vor einigen Jahren in meiner Klasse. Er kotete regelmäßig ein, auch in der Schule immer wieder. Als Ludwig in der zweiten Klasse mit im Schullandheim war, passierte es, dass er an einem Tag viermal eingekotet hat. Zweimal davon auf ein und derselben Wanderung. Es waren für Ludwig beschämende und für uns Lehrer sehr belastende Tage. Trotzdem haben wir alle es vier Tage miteinander ausgehalten.

Als ein Jahr später wieder der Schullandheimaufenthalt anstand, merkte ich, dass ich durch Ludwigs Problem mit dem Einkoten in einen Konflikt geriet. Ich wollte einerseits, dass er die Chance erhielt mitzufahren, aber andererseits wollte ich Situationen wie im Jahr davor nicht nochmals ertragen und durchstehen müssen.

Ich beschloss, mir Rat in einer Supervision zu holen. Der Leiter gab mir damals in etwa folgende Worte mit auf den Weg: »Du bist Lehrerin, keine Kinderpflegerin, keine Therapeutin und auch keine Mutter – nur Lehrerin. Du sagst Ludwig im Vorfeld, dass es nicht schlimm sei, wenn er in die Hose mache, dass es aber in so einem Falle dann besser für ihn und euch Lehrer wäre, er würde nach Hause fahren.«

Ich merkte, wie mich der Gedanke an so eine Vorgehensweise entlastete, vor allem, dass ich »nur« die Lehrerin zu sein brauchte, nichts weiter. Auch die Formulierung, »dass es dann besser für ihn wäre, er würde nach Hause fahren«, gefiel mir gut, und nicht, dass »wir ihn nach Hause schicken«.

Ich sprach mit Ludwig ein paar Tage vorher darüber und informierte ihn auch über meine geplante Vorgehensweise. Im Schullandheim passierte »es« ihm gleich am ersten Tag. Es kostete mich sehr viel Überwindung und Kraft, meine Ankündigung wahr zu machen, denn Ludwig bettelte immer wieder um eine zweite Chance. Aber ich spürte auch, dass es wichtig für ihn und mich war, nicht nachzugeben. Ludwig wurde abgeholt. Wir sprachen nicht mehr darüber.

Ein halbes Jahr später (wir hatten ausnahmsweise zwei Schullandheimaufenthalte in einem Schuljahr) hielt Ludwig die gesamten vier Tage ohne Einkoten durch.

Tod und Leben gehören zusammen – der Tod eines Angehörigen

Der Tod eines nahen Angehörigen ist ein schmerzhafter Einschnitt im Leben eines jeden Menschen. Auch in der Schule sind wir immer wieder einmal damit konfrontiert. Viele Pädagogen scheuen sich, mit ihren Schülern darüber zu reden, weil sie ihre eigene Unsicherheit spüren oder das Thema bei Ihnen Unbehagen und Angst auslöst.

Dieses Mal war ich selbst betroffen: Mein Vater war gestorben. Deshalb hatte ich einige Tage in der Klasse gefehlt. Am Tag vor dem Wiederkommen machte ich mir Gedanken, was ich den Kindern davon sagen wollte. Wie sehr wollte ich sie teilhaben lassen an meiner persönlichen Erfahrung? Wie wollte ich überhaupt mit dem Thema Tod umgehen? Wie viel konnte ich den Kindern diesbezüglich zumuten?

Gleich zu Beginn setzten wir uns im Kreis um unseren Teppich. Ich begann, von meinem Vater zu erzählen und darüber, woran er gestorben war. Einige Kinder stellten Fragen oder begannen, von ihren eigenen Erfahrungen zu berichten. Das griff ich auf und fragte die Kinder, bei wem in der Familie schon jemand gestorben sei. Fast alle Kinder meldeten sich. Ich stellte eine Schale mit vielen Teelichtern in die Mitte des Teppichs. Dann bat ich die Kinder, sich für jeden Verstorbenen in ihrer Familie ein Teelicht aus der Schale zu holen.

Manche fragten nach: »Gehört die Tante auch dazu?«

»Was ist, wenn mein Geschwisterchen schon im Bauch von meiner Mama gestorben ist und ich es gar nicht gekannt habe?«

»Darf ich für meine Katze auch eine Kerze nehmen?«

Natürlich, sie alle gehörten dazu. Bei den Tieren zögerte ich kurz. Ging das nicht ein bisschen zu weit? Schließlich gehörten Tiere nicht unmittelbar zur Familie. Oder vielleicht doch irgendwie? Manche Kinder hatten zu ihrem Hund, ihrer Katze oder ihrem Meerschweinchen eine so enge Bindung, dass ihre Gefühle den Tieren gegenüber ähnlich waren wie zu einem Familienmitglied. Kurzerhand entschied ich: »*Wenn dein Tier wichtig für dich war, gehört es dazu.*«

Die Kinder griffen in die Schale und stellten die Teelichter vor sich auf. Manche hatten eines vor sich stehen, andere hatten drei oder vier. Ich holte eine Streichholzschachtel und zündete meine Kerze an: »*Diese Kerze zünde ich für meinen Vater an.*«

Ich gab die Schachtel an das nächste Kind und sagte, jeder solle der Reihe nach seine Kerzen anzünden und dabei sagen, für wen diese Kerze brennt. Wer wollte, konnte noch ein bis zwei Sätze anfügen.

»Diese Kerze ist für meine Oma. Ich mochte sie sehr gern, weil sie immer nett zu mir war.«

»Diese Kerze ist für meinen Bruder. Er ist im Bauch von meiner Mama gestorben.«

»Mein Hund ist vor Kurzem gestorben. Er war schon alt. Er hat mich immer getröstet, wenn ich traurig war.«

Die Kinder waren sehr still und hörten aufmerksam zu. Es war eine anrührende, fast feierliche Stimmung. Alle wollten hören, für wen die Kerze brannte. Wenn jemand zu leise sprach, wurde nachgefragt. Man merkte, wie die Kinder Anteil nahmen. Als die Reihe wieder an mir war, zündete ich noch zusätzliche Kerzen an – für meine verstorbenen Großeltern, meine Tanten und Onkel und meinen Cousin. Es kamen einige zusammen und natürlich deutlich mehr als bei jedem der Kinder. Das erstaunte die Kinder und auch mich rührte es sehr. Die Kerzen machten sichtbar, wie mit zunehmenden Lebensjahren auch mehr Abschiede unser Leben begleiten.

Dann schauten wir in die Runde. Es war ein Lichterkreis entstanden, mit vielen Kerzen, mehr als Menschen im Raum waren. Das war ergreifend.

Ich erzählte den Kindern, dass all die Menschen, auch wenn sie schon tot sind, trotzdem zu uns gehören – egal, ob sie alt waren oder jung, ob sie schon auf der Welt waren oder noch im Bauch der Mama, als sie gestorben sind. Man kann zu ihnen sprechen und sie bitten, einem Kraft zu geben oder ein Schutzengel zu sein. Es ist auch schön, ab und zu eine Kerze für sie anzuzünden oder ein Bild von ihnen aufzuhängen. Das ehrt sie und uns gibt es Kraft.

Die Kinder hörten aufmerksam zu. Ein Mädchen berichtete von ihrer Oma, die gestorben war, als ihr Papa noch sehr klein war und dass diese jetzt ihr Schutzengel sei. Es entspann sich ein kurzes Gespräch über Schutzengel, in dem sich herausstellte, dass auch andere Kinder einen verstorbenen Familienangehörigen als Schutzengel hatten. Dann legten wir eine Stilleminute ein, in der wir an die dachten, für die wir die Kerzen entzündet hatten.

Auch für den nachfolgenden Unterricht wollten die Kinder ihre Kerzen noch brennen lassen. Also stellten wir sie alle um die Schale in der Mitte des Teppichs. Mit dem leuchtenden Lichtermeer in unserer Mitte arbeiteten wir bis zur Pause. Dann blies jeder seine Kerze/n aus und nahm sie mit nach Hause.

Einige Kinder berichteten am nächsten Morgen, sie hätten ihre Kerzen zu Hause noch einmal anzünden dürfen und dann mit ihren Eltern über die Oma, das Geschwisterchen oder den Onkel gesprochen. Zwei Kinder hatten auch Fotos aus den Familienalben herausgesucht und sie mir am nächsten Tag gezeigt.

Durch das Anzünden der Kerze war in stiller, fast andächtiger Weise der Toten gedacht worden. Jeder hatte die Gelegenheit bekommen, an seine verstorbenen Lieben zu denken und etwas zu erzählen, ohne der Faszination von oft tragischen Krankheits- oder Sterbegeschichten ausgesetzt gewesen zu sein.

Komm mir nicht so nah! – Vom richtigen Abstand

Mein Unterrichtstag beginnt mit zwei Stunden Ethik mit Dritt- und Viertklässlern. Als ich ins Klassenzimmer komme, sitzen die Kinder bereits auf ihren Hockern um den Teppich. Es herrscht große Unruhe. Die Kinder wechseln ständig ihre Plätze und streiten untereinander. Auf meine Nachfrage, was denn los sei, werde ich gleich mit Klagen über Fabienne überschüttet. Sie sei aufdringlich und würde mit ihrem Hocker dauernd ganz nah an die Jungs heranrutschen, auf Tuchfühlung sozusagen. Die Jungs wollen das nicht, aber Fabienne nimmt darauf keine Rücksicht und macht mit ihrem Verhalten einfach weiter.

Als ich nun in die Runde blicke, bietet sich mir folgendes Bild: Fabienne sitzt mir allein gegenüber – links und rechts von ihr viel Platz und der Rest der Schüler zusammengerückt zu meinen beiden Seiten. Niemand will neben ihr sitzen, alle sind so weit wie möglich von ihr weggerutscht.

So kann ich keine Ethikstunde abhalten. Nach dem Grundsatz »Störungen haben Vorrang« beschließe ich, auf die Situation einzugehen und sie zum Thema zu machen. Als Erstes frage ich die Kinder, ob sie eine Idee hätten, was Fabienne mit ihrem Verhalten erreichen wolle.

»Sie will Freunde finden.«

»Sie mag einen der Jungs und möchte es ihm zeigen.«

Mehr Vermutungen kommen nicht. Ich wende mich an Fabienne und frage sie, ob die Äußerungen richtig seien oder ob es einen ganz anderen Grund für ihr Verhalten gebe. Fabienne meint, die zweite Vermutung stimme.

»Möchtest du sagen, wen du so sympathisch findest?«

Fabienne zeigt auf Theo. Er sitzt neben mir, mit dem größtmöglichen »Sicherheitsabstand« zu Fabienne. Ich frage ihn, wie es ihm ginge, wenn Fabienne so nah an ihn heranrutsche. »Nicht gut. Es ärgert mich, wenn sie so nah kommt. Ich will auch nicht, dass sie mich berührt.«

Ich erkläre Fabienne, dass viele Menschen es nicht mögen, wenn man ihnen zu nahe kommt. Sie fühlten sich bedrängt und würden ärgerlich werden. Sie erreiche also mit ihrem Verhalten genau das Gegenteil von dem, was sie eigentlich wolle.

Ich frage Theo, ob er bei einem kleinen Experiment mitmachen würde, und er willigt ein. Ich bitte ihn, sich im Kreis neben Fabienne zu setzen, aber mit viel Platz zwischen sich und ihr. Fabienne soll nun im Zeitlupentempo an Theo heranrutschen, so nah oder weit, bis Theo »stopp« sagen würde. Das wäre dann der Abstand, der Theo angenehm sei. Als Theo Fabienne stoppt, ist sie ungefähr einen dreiviertel Meter von ihm entfernt.

»Das ist der Abstand, den Theo braucht. Alles andere ist ihm zu nah. Wenn du willst, dass er dich auch sympathisch findet, dann wäre es gut, du würdest Theos Abstand respektieren.«

Ich habe das Gefühl, die Angelegenheit sei so weit geklärt, dass ich mit meiner Ethikstunde beginnen kann. Allerdings will ich eine gleichmäßigere Verteilung der Kinder im Kreis. Damit Theos Abstand gewahrt bleibt, bitte ich Martin, die Lücke zwischen Theo und Fabienne zu füllen. Als sich dieser nun zwischen die beiden setzt, rutscht Fabienne zur Seite, weg von Martin. Sie scheint verstanden zu haben, worum es geht, und will nun wohl auch Martin diesen Abstand einräumen. Martin dagegen sagt ganz spontan: »So weit brauchst du jetzt auch wieder nicht wegzurutschen!«

Diese Bemerkung ist ein Geschenk. Die besten Übungsmöglichkeiten für soziales Lernen ergeben sich oft auf diese Weise – spontan und ungeplant. Ich ergreife die Chance und frage Fabienne, ob sie gemerkt habe, was jetzt gerade passiert sei. »Ja«, meint sie und wiederholt, was Martin gesagt habe.

»Weißt du auch noch, wann Martin das gesagt hat?«

»Als ich von ihm weggerutscht bin.«

»Jetzt hast du gesehen, was passiert, wenn man den Abstand zu dem anderen respektiert. Wenn man dem anderen Raum lässt, passiert erstaun-licherweise oft genau das Gegenteil, nämlich dass dieser gar nicht mehr so viel Abstand braucht und du näher herankommen darfst.«

Wie von selbst rutscht nun plötzlich sogar Martin ein bisschen in Fabiennes Richtung. Wieder einmal staune ich, wie sich Verände-rungen anbahnen, wenn man ihnen den Raum und die Zeit dafür gibt. Kurzerhand entschließe ich mich, das Thema noch weiter zu verfolgen. Wir sprechen darüber, dass es Menschen gibt, die man ganz nah haben mag, und andere, die man überhaupt nicht an sich rankommen lassen will. Die Kinder erzählen, wen sie ganz nah haben wollen: Mama, Papa, Oma, Opa, andere Familienmitglieder und gute Freunde. Fabienne differenziert als Einzige nicht so genau. Sie mag viele Menschen nah haben, auch Fremde, denn sie will immer schnell viele Freunde finden.

Bei den Menschen, die die Kinder nicht nah haben wollen, sind sie sich erstaunlich einig: Betrunkene, Raucher und ihnen unsympathi-sche oder unheimliche Personen. Dazu gehören bei vielen Kindern auch Behinderte und alte Menschen. Das erstaunt mich. Bei näherem Nachfragen stellt sich heraus:

- dass fehlende Arme oder Beine viele Kinder unheimlich oder be-ängstigend finden,

- dass die ungewohnten und für die Kinder oft unberechenbaren Reaktionen behinderter Menschen sie verunsicherten oder ihnen Angst einjagen und

- dass alte Menschen in ihrer »Kinderfreundlichkeit« oft distanzlos sind (wenn sie z. B. über den Kopf streicheln) und das bei den Kindern unangenehme Gefühle verursacht.

Die Kinder erzählen und erzählen und wollen gar nicht aufhören. Wir sitzen über 60 Minuten im Kreis. Immer wieder starte ich einen Versuch, die geplante Ethikstunde zu beginnen, aber die Kinder finden das Thema von Nähe und Abstand zu spannend. Alle sind beteiligt und jeder hat etwas beizutragen. Bei mir ergeben sich mit dieser Stunde viele Ideen für weitere Unterrichtsthemen im Fach Ethik. Und ich habe wieder einmal gesehen, welche Möglichkeiten sich ergeben, wenn man den Mut hat, den Bedürfnissen der Kinder zu folgen.

Streit unter Freundinnen – keine Lösung ist auch eine Lösung

Wie sehr sehnen wir Pädagogen uns nach Harmonie, Klassengemeinschaft, gutem Einvernehmen, Wohlwollen und Frieden der Kinder untereinander? Und wie oft kommt es zu Beschimpfungen, Streitereien, Anfeindungen oder gar Mobbing? Wir vermitteln, schlichten, handeln Verträge aus oder suchen nach anderen Wegen, um Lösungen zu finden. So sehr wir uns bemühen, häufig stoßen wir an unsere Grenzen oder die der Kinder, und die gewünschte Einigung kommt nicht zustande.

Immer wieder erlebe ich, dass Lösungsversuche erfolglos enden. Erfahren trotzdem beide Parteien eine Wertschätzung und Anerkennung ihrer Sichtweisen und Gefühle, führt das oft zu überraschenden Wendungen.

Der nachfolgende Konflikt ist sicher harmlos im Vergleich zu dem, was sich auf Schulhöfen manchmal abspielt. Und mit großer Wahrscheinlichkeit hätten die drei Mädchen auch ohne mein Zutun wieder zusammengefunden. Aber auch wenn es sich bei diesem Beispiel um eine für uns Pädagogen vergleichsweise einfache Sache handelt (für die Betroffenen war es das keineswegs), verdeutlicht es, dass es sich lohnt, eine »Nichtlösung« auszuhalten und auf die innere Kraft der Kinder zu vertrauen.

Karla (4. Klasse) steht tränenüberströmt an der Tür zum Lehrerzimmer.

»Ich will nach Hause zu meiner Mama!«, schluchzt sie auf meine Frage, was denn los sei. Das ist ein ungewöhnlicher Wunsch für dieses Mädchen. Karla pflegt nicht zu weinen und holt sich selten Hilfe oder Trost. Sie macht normalerweise alles mit sich alleine aus. Umso überraschender nun für mich ihr Gefühlsausbruch. Da muss etwas Schlimmes passiert sein.

Auf meine Nachfrage sagt sie dann mit tränenerstickter Stimme: »Ich habe mich mit Astrid gestritten, und sie nimmt meine Entschuldigung nicht an.« Astrid (auch 4. Klasse) wohnt in Karlas Nachbarschaft und ist ihre Freundin und Vertraute. Eine tiefe und innige Freundschaft verbindet diese zwei Mädchen.

Ich ermutige Karla zu bleiben und bitte sie, noch fünf Minuten durchzustehen. Dann sei die Pause aus und ich würde ihr helfen, den Streit zu klären. Sie nickt tapfer.

Nachdem ich die Klasse versorgt habe, gehe ich mit Karla, Astrid und Anita (eine Kindergartenfreundin der beiden, aber erst in der 2. Klasse) in einen freien Raum. Obwohl mein Herz für die verzweifelte Karla schlägt, achte ich darauf, dass ich, als wir uns auf dem Teppich in einen Kreis setzen, von beiden Mädchen den gleichen Abstand habe. Ich will nicht durch eine räumliche Nähe zu Karla parteiisch wirken.

Ich bitte die drei, zu erzählen, was passiert sei. Da Karla, die sich immer noch nicht beruhigt hat, nicht fähig ist zu berichten, beginnt Astrid:

»Wir wollten in der Pause spielen, ich, Karla und Anita. Karla meinte, wir sollen Anita kitzeln. Sie fing damit an und drückte Anita auch auf den Boden. Anita wollte das nicht, doch Karla hörte nicht auf. Da hab ich Anita geholfen, hab sie befreit und wir sind zusammen weggegangen. Dann ist Karla uns ständig nachgelaufen und ich hab sie gefragt, warum sie uns dauernd nachgeht.«

Empörter Einwurf von Karla: »Du hast gesagt, dass ich euch nicht auf die Nerven gehen soll.«

Astrid: »Ja, weil du wolltest, dass wir uns bei dir entschuldigen. Aber wir wollten das nicht. Wir hatten dir ja nichts getan.«

Karla kann nichts mehr sagen. Ihre Tränen wollen nicht versiegen.

Ich bin verwirrt. Hatte Karla mir nicht anfangs erzählt, *sie* hätte sich bei Astrid entschuldigen wollen und diese hätte ihre Entschuldigung nicht angenommen? Warum sollte sich jetzt plötzlich Astrid entschuldigen? Handelte es sich da um ein Missverständnis?

Ich frage Karla, ob Astrids Schilderung so weit richtig sei. Karla nickt. Anita bestätigt das ebenso. Dann versichere ich mich bei Karla: »*Hast du nicht zu mir gesagt, Astrid wollte deine Entschuldigung nicht annehmen?*« – Karla nickt.

»Bist du den beiden nachgegangen, weil du dich entschuldigen wolltest?« – wieder ein Nicken.

Zu Karla: *»Da liegt anscheinend ein Missverständnis vor. Du wolltest dich bei Astrid und Anita entschuldigen und die beiden dachten, sie sollten sich bei dir entschuldigen. Stimmt das so?«* – Nicken von allen.

Zu Astrid und Anita: *»Könnt ihr beiden verstehen, warum Karla so verzweifelt ist und so sehr weinen muss?«*

Astrid mit etwas ratlosem Gesicht: »Weil wir uns nicht entschuldigt haben?«

Ich frage bei Karla nach, ob Astrids Vermutung stimme. Kopfschütteln.

Astrid: »Dann weiß ich es eigentlich nicht so richtig.«

Das überrascht mich, denn Astrid ist ein sehr reifes Mädchen mit gutem Einfühlungsvermögen. Aber in dieser Situation ist es ihr anscheinend nicht möglich, sich in Karla hineinzuversetzen. Auf meine Frage an Karla, ob sie es erklären könne, wieder nur ein Kopfschütteln. So habe ich dieses Mädchen noch nie erlebt. Es scheint ihr so zu Herzen zu gehen, dass sie sich nicht beruhigen kann. Also beschließe ich, die Situation für sie zu erklären und frage sie um Erlaubnis. Stummes Kopfnicken.

»Ich glaube, Karla hat es sehr leidgetan, dass sie dich, Anita, gegen deinen Willen gekitzelt und auf den Boden gedrückt hat. Sie hat sich geschämt und wollte sich entschuldigen, um es wiedergutzumachen. Stimmt das so, Karla?«

Karla schluchzend: »Ja, aber die beiden sind einfach nicht stehen geblieben.«

»Karla ist so verzweifelt, weil ihr nicht verstanden habt, dass sie sich entschuldigen wollte. Es tat ihr so leid und sie bekam einfach keine Möglichkeit, es wiedergutzumachen, so sehr sie sich auch bemüht hat. War das so, Karla?« – Kopfnicken.

»Es war einfach ein Missverständnis.«

Astrid und Anita haben still zugehört. Ich kann nicht erkennen, ob sie Karlas ohnmächtige Verzweiflung verstehen.

Zu Karla gewandt frage ich: *»Was wünscht du dir denn jetzt für dich?«*

Karla: »Dass wir wieder Freunde sind.«

Zu Astrid und Anita: *»Und was braucht ihr?«*

Astrid zögert. Eigentlich ist sie ein Kind, das Entschuldigungen annehmen und einlenken kann. Aber dieses Mal scheint es ihr schwerzufallen. Anita hält sich im Hintergrund. Es geht vornehmlich um die Freundschaft der beiden Älteren.

Schließlich meint Astrid, sie brauche im Moment noch Abstand. Das ist auch für mich überraschend. Natürlich habe ich mir gewünscht, das Gespräch würde zu einer Lösung führen und die beiden Freundinnen wieder zusammenbringen. Innerlich leide ich mit Karla. Ich kann so gut nachfühlen, wie es ihr geht: das tiefe Bedauern über ihr Verhalten, die Enttäuschung über die Zurückweisung, die Verzweiflung, in ihrem Bemühen nicht verstanden zu werden, die Angst um ihre Freundschaft und schließlich auch keine Versöhnung. Aber ich will nicht eingreifen und Astrid gut zureden. Hier gibt es zwei gegensätzliche Bedürfnisse: Karlas Bedürfnis nach Versöhnung und Astrids Bedürfnis nach Abstand. Beide sind gleich wichtig und gleich richtig.

Also beschließe ich, das Gespräch hier zu beenden. Ich erkläre den dreien, dass es im Moment keine Einigung gäbe. So etwas komme immer wieder vor. Es sei in Ordnung, dass jeder andere Bedürfnisse habe. Das könne sich auch jederzeit ändern.

Astrid und Anita gehen zurück ins Klassenzimmer. Karla will noch im Nebenraum bleiben. Auf meine Nachfrage, ob sie lieber alleine oder mit einem anderen Kind oder mit mir sein wolle, zuckt sie mit den Achseln. Ich biete ihr an, sich in die Leseecke zu kuscheln, und lasse sie erst einmal alleine, verspreche aber, nach einer Weile nach ihr zu schauen. Ich gehe zurück ins Klassenzimmer. Astrid und Anita sitzen über ihrer Arbeit. Später kehre ich zu Karla zurück. Sie hat sich beruhigt und liegt eingerollt in der Leseecke. Ich setze mich kurze Zeit neben sie und lege meine Hand auf ihren Rücken. Wir sprechen kein Wort. Dann gehe ich wieder. Als ich einige Zeit später noch einmal nach ihr sehen will, ist sie nicht mehr da. Sie ist bereits ins Klassenzimmer zurückgekehrt, ohne dass ich es bemerkt habe.

Ich achte nicht mehr auf die drei. Zu sehr bin ich mit der Klasse beschäftigt.

Zwei Schulstunden später verabschieden wir uns. Schulschluss. Die Kinder gehen auf den Gang und ziehen sich an. Mein Blick fällt auf Astrid und Karla. Sie stehen sich inniglich umarmend zwischen den anderen Schülern.

Manches braucht seine Zeit und einfach nur die Anerkennung dessen, was ist.

9 Hier komme ich nicht mehr weiter – auch dem Pädagogen sind Grenzen gesetzt

Welche Kinder beschäftigen uns Pädagogen am meisten? Um welche bemühen wir uns am intensivsten? Welche kosten uns am meisten Kraft? Es sind die verhaltensauffälligen, lernschwachen oder sozial benachteiligten Kinder – einfach diejenigen, die es schwerer zu haben scheinen als andere.

Jeder Lehrer hat Begegnungen mit auffälligen Kindern. Sie fordern seine fachliche Kompetenz, sein pädagogisches Geschick, seine Geduld, seine Stabilität – kurzum seine ganze Persönlichkeit. Lehrer wünschen sich, der Schüler möge sein »störendes« Verhalten abstellen und es möge leichter mit ihm und in der Klasse werden. Sie suchen, manchmal verzweifelt, nach Möglichkeiten, das zu bewirken. Der Fokus liegt dabei immer auf dem Kind – in der Überzeugung, es könne einen Schalter umlegen und sich »normal« verhalten.

Manchmal wird der Einsatz honoriert. Das Kind verändert tatsächlich sein Verhalten. Und manchmal scheitern wir mit all unserem gut gemeinten, ehrlichen Engagement. Als Erklärung für die eigene Hilflosigkeit gehen wir auf die Suche nach den »Schuldigen«. Die Eltern? Die Klassensituation? Das Schulsystem? Nicht selten suchen wir auch bei uns selbst. Hätten wir nur mehr Wissen, mehr Geschick, mehr Einfühlungsvermögen! Wären wir nur stärker, konsequenter, durchsetzungsfähiger! Hätten wir nur dieses getan und jenes unterlassen!

Wir fühlen uns hilflos und ohnmächtig. Wir müssen uns eingestehen, dass wir das Kind nicht ändern können, was immer wir auch unternehmen. Wir sind an den Grenzen unserer Möglichkeiten angelangt. Das ist schwer auszuhalten.

In solchen Fällen hilft die systemische Betrachtungsweise weiter. Sie ermöglicht uns, über das Kind hinauszublicken und sein Verhalten in einem größeren Zusammenhang zu sehen. Wenn alle pädagogischen Bemühungen ins Leere laufen, das Verhalten des Kindes nicht mehr erklärbar ist, kann das ein Hinweis darauf sein, dass das Kind aus einer familiären Verstrickung heraus handelt. Was bedeutet das?

Kinder sind mit ihrem Familiensystem tief verbunden. Ihre bedingungslose Liebe und Treue zu diesem steuert unbewusst ihr Verhalten, auch wenn es sich nachteilig für sie oder andere auswirkt. Mit ihrem Verhalten »machen Kinder oft auf Unerledigtes und Schweres in ihren Familien aufmerksam, wollen sie an ausgeschlossene Personen erinnern oder übernehmen aus Liebe Gefühle, die zu einer anderen Person im Familiensystem gehören« (Innecken 2007, S. 118).

Dass das so ist, zeigen die Erfahrungen mit Familienaufstellungen. Diese sind oft auch der Schlüssel zu einer Lösung. Doch wie im Eingangskapitel erwähnt, überschreitet diese Intervention den Zuständigkeitsbereich des Pädagogen. Wir haben keinen therapeutischen, sondern einen erzieherischen Auftrag. Familienaufstellungen gehören in die Verantwortung der Eltern!

Trotzdem sind wir noch nicht ganz am Ende unserer Möglichkeiten. Was können wir Lehrer tun?

Ein wichtiger und hilfreicher Schritt ist das Gespräch mit den Eltern. Denn nicht nur Kinder lieben ihre Eltern, auch Eltern lieben ihre Kinder. Die Liebe zu ihrem Kind und der große Wunsch, ihm zu helfen, geben Eltern oft Mut für eine Familienaufstellung oder lassen sie ihre Scheu überwinden, eine Beratungsstelle aufzusuchen, um professionelle Hilfe in Anspruch zu nehmen.

Und wir Pädagogen, die wir täglich mit dem Kind zu tun haben? Wie können wir die Erkenntnisse des systemischen Ansatzes für uns und die Klasse nutzen?

Wie zuvor erwähnt ist das Kind mit seinem Familiensystem tief verbunden. Es ist eine treue, bedingungslose Verbundenheit, die unbewusst gelebt wird. Aus dieser Liebe heraus sind Kinder bereit, alles zu geben, auch wenn es sie manchmal viel kostet: den Erfolg in der Schule, die Zugehörigkeit zur Gemeinschaft, die Freude am Leben und manchmal sogar das Leben selbst.

Wenn wir Lehrer um die Verbundenheit in Familiensystemen wissen, sie anerkennen und akzeptieren, dass diese Kräfte stärker sind als all unsere Bemühungen und unsere Liebe zu dem Kind, dann ist es möglich, einen Schritt zurückzutreten und Verantwortung abzugeben. Wenn wir darauf verzichten zu glauben, es stünde in unserer Macht, das Kind (oder auch seine Eltern) verändern zu können, erfahren wir Entlastung und spüren vielleicht, dass wir ein bisschen kleiner und demütiger werden. Manche mögen das als Schwäche empfinden, ist es aber nicht. Im Gegenteil! Die Familie des Kindes liebevoll ins Herz zu nehmen und die mächtigen Kräfte zu achten, die dort wirken, erfordert mehr »Größe«, als sich seinen »Allmachtsgefühlen« hinzugeben. Bert Hellinger bezeichnet diese Art des Helfens als »Helfen im Einklang« – im Einklang mit dem Familiensystem des Kindes und im Einklang mit dessen Schicksal.

Die unausgesprochenen Sätze »Ich sehe, was du trägst« oder »Ich achte deine Liebe zu deiner Familie« oder »Ich sehe, dass du es schwer hast« verändern unseren Blick auf das Kind und unsere Haltung ihm gegenüber. Sie entlasten das Kind und auch uns Pädagogen. Dieser Schritt zurück und unsere veränderte Haltung machen manchmal eine Veränderung beim Kind möglich.

Beispiel aus einer Supervision – eine Kollegin berichtet:

Nicole ist Erstklässlerin. Sie ist still und verträumt und hat keinerlei Kontakte zu ihren Mitschülern. Ihre Körperspannung ist gering. Sie liegt beim Arbeiten auf der Bank oder rutscht von ihrem Stuhl. Nach einer Arbeitsanweisung weiß sie selten, was zu tun ist. Sie fragt auch nicht nach. Insgesamt wirkt Nicole auf die Lehrerin traurig, bedrückt und »abwesend«.

Alles, was die Lehrerin für Nicole tut, führt zu keinerlei Veränderung. Auf welche Weise sie Nicole auch zu erreichen versucht, sie läuft immer »ins Leere«. Das Mädchen scheint unerreichbar. Die Lehrerin ist verzweifelt, hilflos und manchmal auch wütend. Sie sieht sich außerstande, dieses Kind zu fördern und es in die Klasse zu integrieren.

Im Gespräch mit der Mutter erfährt die Lehrerin, dass jene Krebs hatte. Nicole habe davon aber nicht viel mitbekommen, und außerdem gelte die Krankheit inzwischen als geheilt. Die Mutter kann keinen Zusammenhang mit der Krankheit und Nicoles Verhalten herstellen.

Die Lehrerin entschließt sich, ihre Hilflosigkeit mit Nicole zum Thema in der Supervisionsgruppe zu machen.

In der Aufstellung steht Nicole etwas abseits von ihren Klassenkameraden, den Blick abgewandt. Die Stellvertreterin der Lehrerin blickt nur auf Nicole. Wohin aber schaut Nicole?

Die Mutter, die in die Aufstellung hineingenommen wird, steht weit weg von Nicole und blickt aus dem Fenster. Auf die Frage, wohin sie schaue, antwortet sie: »Weit weg!« Es liegt die Vermutung nahe, dass die Mutter auf jemanden in ihrem Familiensystem schaut, was es ihr unmöglich macht, eine echte, authentische Beziehung zu ihrer Tochter herzustellen. Nicole stellt sich neben ihre Mutter und blickt in die gleiche Richtung. In der systemischen Sprache heißt das so viel wie: »Mama, ich helfe dir und schaue mit dir auf das Schwere.« Nicoles

Abwesenheit und Traurigkeit wird so verständlich. Aus Liebe und Verbundenheit zu ihrer Mutter verzichtet sie auf die Zugehörigkeit zu ihrer Klasse, auf ihr schulisches Weiterkommen und ihre Freude am »Kind-Sein«.

Da die Aufstellung keine Familienaufstellung ist, sondern im Rahmen einer Supervision stattfindet, geht es um das Anliegen der Lehrerin: ihre Hilflosigkeit in Bezug auf Nicoles Verhalten. Die Supervisorin lässt die Lehrerin zu Nicole sagen: »Ich sehe, wohin du schaust und ich achte deine Liebe zu deiner Mutter.«

Nicole wendet den Kopf in Richtung Lehrerin und nickt leicht.

»Wenn du bereit bist, darfst du gerne zu uns kommen.« Die Lehrerin zeigt dabei auf die Klasse. Nicole lächelt kurz. Die Lehrerin wendet sich den anderen Schülern zu. Diese sind erleichtert. Endlich werden auch sie wieder gesehen.

Wenig später endet die Aufstellung. Die Lehrerin ist erleichtert. Sie fühlt sich entlastet. Sie hat gesehen, dass Nicoles Verhalten nichts mit ihr, sondern mit einer in der Tiefe wirksamen Familiendynamik zu tun hat. Sie muss und kann nichts tun, um Nicole zu verändern! Es genügt, in Liebe auf Nicole, diese Familie und deren Schicksal zu schauen.

In der nächsten Supervisionssitzung berichtet die Lehrerin, dass Nicole zu ihrem Erstaunen wacher geworden sei. Sie nehme mehr teil am schulischen Alltag und knüpfe zarte Kontakte zu einer Mitschülerin. Die Lehrerin ist verblüfft: »Und das alles nur, weil ich meine Haltung ihr gegenüber verändert habe und immer den Satz in mir hatte ›Ich sehe, wohin du schaust‹.«

Dank

Den Anstoß zu diesem Buch gab mir Günter Schricker. Aber nicht nur dafür danke ich dir. Du und Marianne, ihr habt mit eurer Arbeitsgemeinschaft »Systemische Schule« auch den Boden bereitet für meinen Weg in die systemische Pädagogik.

Eine große Unterstützung auf allen Ebenen war für mich Barbara Innecken. Du hast mir neue Wege eröffnet, mich bestärkt und mir Mut gemacht. Sowohl fachlich als auch menschlich habe ich viel von dir gelernt.

Mein Dank geht auch an Wilfried de Philipp und die anderen Redaktionsmitglieder der Zeitschrift »Praxis der Systemaufstellung« für die Veröffentlichung meiner ersten Aufsätze. Eure positiven Reaktionen haben mir Mut gemacht, den Weg in die Öffentlichkeit weiterzugehen.

Dann danke ich allen, die mich beim Schreiben unterstützt haben: Meiner Freundin und Kollegin Karin für ihre Zeit und Mühe bei der ersten Durchsicht meiner Texte. Der fachliche und persönliche Austausch mit dir war sehr bereichernd und hat viel Klarheit gebracht.

Meiner Freundin Antje für ihre ausdauernde und wohlwollende Unterstützung bei der Überarbeitung meines Manuskripts. Mit deiner Liebe zur Sprache, deiner Gabe für klare, präzise Formulierungen und deinen ermutigenden Rückmeldungen hast du mir sehr geholfen.

Lisa, Christel, Gela und Konny für ihr Interesse an meinen »Schulgeschichten« und ihr stets offenes Ohr.

Meinem pädagogischen Assistenten Jean-Paul danke ich für seine engagierte und zuverlässige Unterstützung bei der täglichen Arbeit mit der Klasse und den Eltern sowie bei all meinen Vorhaben.

Danke sagen möchte ich auch meinen Schulkindern und ihren Eltern. Ihr bietet mir ein reichhaltiges Übungsfeld und bringt mir euer Vertrauen und euer Wohlwollen entgegen.

Den Schulleitern der Montessorischule danke ich für ihre Offenheit und die Wertschätzung meiner Arbeit.

Von Herzen Danke sage ich meiner Mutter für ihre Liebe und Überzeugungskraft. Dir verdanke ich letztendlich diesen wunderbaren Beruf.

Erika Gollor

Hilfreiche Adressen

Arbeitskreis »Systemische Schule«
St.-Anna-Gymnasium München
St.-Anna-Straße 20
Informationen unter: www.praxis-schricker.de, www.marianne-franke.de

Dieser offene Arbeitskreis trifft sich einmal im Monat (zweiter Donnerstag), um mit verschiedenen systemischen Methoden Lösungen für den pädagogischen Berufsalltag zu suchen. Willkommen sind nicht nur Pädagogen, sondern auch Eltern und andere Interessierte.

Jahresgruppe Supervision für Pädagogen
Praxis für Sprach- und Psychotherapie Barbara Innecken
Kirchenstr. 7
D-82337 Tutzing
Informationen unter: www.barbara-innecken.de

Die Jahresgruppe Supervision für Pädagogen trifft sich fünfmal im Jahr, um mit verschiedenen systemischen Methoden Lösungen für den pädagogischen Berufsalltag zu suchen.

Weiterbildung »Systemische Pädagogik«
Zur Erleichterung des pädagogischen Alltags –
neue Wege in Erziehung, Lernen und Lehren
Institut SystPäd
Marianne Franke
Osterwaldstr. 153
80805 München
Informationen unter: www.marianne-franke.de

Diese Weiterbildung umfasst 6 Wochenendmodule in 2 Jahren. Sie bietet die Möglichkeit, sich mit dem systemischen Denken, Fühlen und Handeln in der Pädagogik vertraut zu machen. Die Module können auch einzeln besucht werden.

Weiterbildung Neuro-Imaginatives Gestalten (NIG)
4 Wochenendmodule, verschiedene Veranstaltungsorte
Informationen unter: www.barbara-innecken.de

Diese Methode wird im Kapitel »Ich kann, ich bin – Stärken erkennen, Ressourcen nutzen« öfter beschrieben, wenn es darum geht, die Kinder mit ihren eigenen Kraftquellen in Verbindung zu bringen. Die Weiterbildung bietet die Möglichkeit, ein kreatives systemisches Vorgehen zu erlernen, das nicht nur im pädagogischen Kontext hilfreich ist.

ISIS – Institut für systemische Lösungen in der Schule
Sedanstraße 31–33
50668 Köln
(mit Niederlassung auch in Kiel)
Informationen unter: www.isis-institut-köln.de

Das Institut bietet vielfältige Weiterbildungsangebote für systemisch-lösungsorientiertes Handeln und Denken an.

Deutsche Gesellschaft für Systemaufstellungen (DGfS)
Destouchesstraße 68
D-80796 München
Informationen unter: www.familienaufstellung.org

Wer als Pädagoge an sich selbst arbeiten möchte, um seine eigenen Muster und Verstrickungen aufzuspüren, findet hier nach Postleitzahlen geordnete Adressenlisten qualifizierter Therapeuten und Berater, die mit dem systemisch-phänomenologischen Ansatz arbeiten.

ZIST
Zist 3
D-82377 Penzberg
Informationen unter: www.zist.de

Dieses Zentrum für persönliche und berufliche Fortbildung bietet Familienaufstellungen sowie Seminare für Eltern, Erzieher und Lehrer an.

Literatur

Dykstra, I. (2003): Wenn Kinder Schicksal tragen. Kindliches Verhalten aus systemischer Sicht verstehen. München (Kösel).

Dykstra, I. (2004): Die Seele weist den Weg. Aufstellungsarbeit mit Kindern und Jugendlichen. München (Kösel).

Franke-Gricksch, M. (2012): »Du gehörst zu uns!« Systemische Einblicke und Lösungen für Lehrer, Schüler und Eltern. Heidelberg (Carl-Auer), 5. Aufl.

Furman, B. (2008): Es ist nie zu spät, eine glückliche Kindheit zu haben. Dortmund (Borgmann).

Furman, B. (2013): Ich schaff's! Spielerisch und praktisch Lösungen mit Kindern finden – Das 15-Schritte-Programm für Eltern, Erzieher und Therapeuten. Heidelberg (Carl-Auer), 5. Aufl.

Hattie, J. (2014): Lernen sichtbar machen für Lehrpersonen. Baltmannsweiler (Schneider).

Hellinger, B. (2003): Ordnungen des Helfens. Ein Schulungsbuch. Heidelberg (Carl-Auer).

Hellinger, B. (2013): Kindern in die Seele schauen. Die Hellinger Pädagogik live. Bischofswiesen (Hellinger Publications).

Hubrig, C. (2010): Gehirn, Motivation, Beziehung – Ressourcen in der Schule. Systemisches Handeln in Unterricht und Beratung. Heidelberg (Carl-Auer).

Hubrig, C. u. P. Herrmann (2005): Lösungen in der Schule. Systemisches Denken in Unterricht, Beratung und Schulentwicklung. Heidelberg (Carl-Auer), 4. Aufl. 2014.

Hubrig, C. u. P. Herrmann (2012): Einführung in die systemische Pädagogik. Heidelberg (Carl-Auer).

Innecken, B. (2007): Weil ich euch beide liebe. Systemische Pädagogik für Eltern, Erzieher und Lehrer. München (Kösel).

Jäpelt, B. u. H. Schildberg (Hrsg.) (2011): Wi(e)der die Erfahrung. Zum Stand der systemischen Pädagogik. Dortmund (Borgmann).

Madelung, E. u. B. Innecken (2010): Im Bilde sein. Vom kreativen Umgang mit Aufstellungen in Einzeltherapie, Beratung, Gruppen und Selbsthilfe. Heidelberg (Carl-Auer), 3. Aufl.

Palmowski, W. (2008): Anders handeln. Lehrerverhalten in Konfliktsituationen. Dortmund (Borgmann).

Pfannmüller, J. (2013): Der systemische Lehrer. Ressourcen nutzen, Lösungen finden. Heidelberg (Carl-Auer).

Prekob, I. (2004): Getragen vom Fluss der Liebe. München (Kösel).

Rattle, S., Berliner Philharmoniker, T. Grube u. E. S. Lansch (2004): Rhythm is it (DVD).

Renoldner, C. (2014): Systemische Pädagogik – was ist das überhaupt? *Praxis der Systemaufstellung* 1: 9–13.

Renoldner, C., E. Scala u. R. Rabenstein (2007): Einfach systemisch! Systemische Grundlagen & Methoden für Ihre pädagogische Arbeit. Münster (Ökotopia).

Schäfer, T. (1998): Was die Seele krank macht und was sie heilt. Die psychotherapeutische Arbeit Bert Hellingers. Münschen (Knaur).

Schäfer, T. (2002): Wenn Liebe allein den Kindern nicht hilft. Heilende Wege in Bert Hellingers Psychotherapie. München (Knaur).

Schäfer, T. (2011): Wie die Seele uns druchs Leben führt. Die Essenz des Familien-Stellens. München (Kaur).

Schricker, G. (2013a): Worauf es in der Schule ankommt. Verfügbar unter: http:// www.praxis-schricker.de/G%FCnter%20Schricker%20--%20Worauf%20 es%20in%20der%20Schule%20ankommt%202013.pdf) [5.11.2014].

Schricker, G. (2013b): Lehren mit Empathie. Eine Einladung zu einer anderen Haltung im Alltag an unseren Schulen. Verfügbar unter: http://www. praxis-schricker.de/Lehren%20mit%20Empathie%20.%20Eine%20Einladung%20zu%20einer%20anderen%20Haltung.pdf. [5.11.2014]).

Schricker, G. (2013c): Wie Lernen und Erziehung in der Schule ein wenig leichter gelingen könnten (verfügbar unter: http://www.praxis-schricker. de/G%FCnter%20Schricker%20--%20Wie%20Lernen%20und%20Erziehung%20in%20der%20Schule%20ein%20wenig%20leichter%20gelingen%20k%F6nnten%202013.pdf [5.11.2014]).

Über die Autorin

© Marion Mutschler

Erika Gollor, Studium für Lehramt an Grundschulen; Montessori-Zusatzausbildung; Weiterbildungen: NLP-Practitioner, »Systemische Pädagogik«, Neuro-Imaginatives Gestalten (NIG); langjährige Erfahrung in Familien- und Organisationsaufstellung. 1990–2003 Grundschullehrerin an Münchner Schulen; seit 2004 Lehrerin in jahrgangsgemischten Klassen (1–4) an einer Montessori-Schule.

Kontakt: hfimw-gollor@email.de

Mike Lehmann | Jens Eitmann

Systemische Lerntherapie

Ein integrativer, beziehungs- und
ressourcenorientierter Ansatz

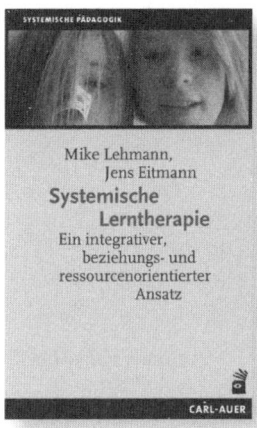

158 Seiten, Kt, 2014
ISBN 978-3-8497-0039-3

Lerntherapie ist mehr als Nachhilfe. Sie wirft einen ganzheitlichen Blick auf das
Kind und seine Lernstörungen und begreift diese nicht als Defizit, sondern als
Lernchance für das Kind und seine Umwelt.

Mike Lehmann und Jens Eitmann stützen diese Haltung auf drei Grundpfeiler:
Sie zeigen, wie man auf wertschätzende und ressourcenorientierte Weise mit
dem Kind und seinen Bedürfnissen arbeitet, die Ursachen für eine Lernstörung
ergründet und dem Kind dabei hilft, durch Neugier, Kreativität und Begeisterung
wieder sein volles Potenzial zu entfalten. Weil es dafür kein Patentrezept gibt,
das bei jedem Kind und jedem Problem helfen würde, vermitteln die Autoren
Methoden, wie Lerntherapeuten gemeinsam mit ihren Schülern den individuell
besten Weg erarbeiten können.

Im Kernteil des Buches werden die Leitlinien der systemischen Lerntherapie
anhand von Fallbeispielen aus der praktischen Arbeit erläutert.

*„Die Autoren befinden sich absolut auf dem Stand der Kunst systemischer Päd-
agogik. Alle Konzepte werden gut verständlich dargestellt und durch Fallbeispiele
anschaulich gemacht."* Dr. Christa Hubrig
ISIS – Institut für systemische Lösungen in der Schule, Köln

Carl-Auer Verlag • www.carl-auer.de